C H V

John Berger
Spiel mir ein Lied

Geschichten
von der Liebe

Aus dem Englischen von
Jörg Trobitius

Carl Hanser Verlag

Titel der Originalausgabe:
Once IN EUROPA

Pantheon Books, New York 1987

ISBN 3-446-14934-1

Satz: Fotosatz Otto Gutfreund Darmstadt
Druck und Bindung: Pustet Regensburg
Printed in Germany

Das Leder der Liebe

Verwittert wie Torpfosten
von Abreisen
und den weißen Geistern
der Dahingegangenen,
in Ölzeug gehüllt,
sprechen wir von Leidenschaft.
Unsere Leidenschaft ist die Salzlösung,
in die Felle gehängt sind,
so wird aus einem Hautfalz
das Leder der Liebe.

Vorbemerkung

Dies ist der zweite Band der Trilogie *In ihre Arbeit**. *Sau-Erde*, der erste Band, bestand aus Erzählungen, die vor dem Hintergrund des traditionellen Lebens eines Bergdorfes spielen. Von bestimmten Einzelheiten abgesehen, könnte dieses Dorf in vielen Ländern über die Kontinente der Welt hinweg existieren.

Spiel mir ein Lied, der zweite Band, ist eine Sammlung von Liebesgeschichten, die vor dem Hintergrund des Verschwindens oder der ›Modernisierung‹ dieses dörflichen Lebens spielen.

Der dritte Band wird die Geschichte von Bauern erzählen, die ihr Dorf verlassen, um sich auf Dauer in einer Metropole niederzulassen.

* Andere haben gearbeitet, und ihr seid in ihre Arbeit gekommen.
Joh. 4,38

Der Akkordeonspieler

Spielst du auf meiner Hochzeit? fragte ihn Philippe, der Käser. Philippe war vierunddreißig. Man hatte schon gesagt, er werde wohl nicht mehr heiraten.

Wann soll's denn sein?

Nächsten Samstag.

Warum hast du mich nicht früher gefragt?

Ich habe mich nicht getraut. Spielst du?

Wo kommt die Braut her?

Yvonne kommt aus dem Jura. Schau heute abend in der Republikanischen Leier vorbei, und sie wird da sein – ihre Eltern sind gekommen und ein paar Freunde aus Besançon.

Und so kam es, daß der Akkordeonspieler, ein Mann über fünfzig, am selben Abend im Kaffeehaus saß und Champagner trank, den der Brautvater ausgab, neben ihm eine dralle Frau, die viel lachte und baumelnde Ohrringe trug. Der Akkordeonspieler hatte die junge Braut genau angeschaut, und er war sicher, daß sie schwanger war.

Du spielst für uns? fragte Philippe und füllte die Gläser nach.

Ja, ich spiele für dich und die Yvonne, sagte er.

Am Boden zu seinen Füßen lag ein Hund mit altersgrauem Fell. Von Zeit zu Zeit kraulte er ihm den Kopf.

Wie heißt Ihr Hund? fragte die Frau mit den Ohrringen.

Mick, sagte er, er ist ein Clown ohne Zirkus.

Er ist recht alt für einen Clown.

Fünfzehn ist Mick, fünfzehn.

Sie haben einen Hof?

Oberhalb des Dorfes – der Ort heißt Lapraz.

Ist es ein großer Hof?

Kommt drauf an, wer die Frage stellt, antwortete er mit einem kurzen Lachen.

Delphine stellt Ihnen die Frage.

Er fragte sich, ob sie wohl oft betrunken war.

Also, ist es ein großer Hof? fragte sie wieder.

Einmal im Winter hat der Bürgermeister meinen Vater gefragt: Habt ihr viel Schnee droben in Lapraz? Und wissen Sie, was mein Vater geantwortet hat? Weniger als Ihr, Herr Bürgermeister, weil ich weniger Land besitze!

Das gefällt mir! sagte Delphine und stieß ein Glas um, als sie ihm eine Hand auf die Schulter legte. Kein Blödmann, Ihr Vater.

Sind Sie zur Hochzeit hergekommen? fragte er sie.

Ich bin hergekommen, um die Braut anzuziehen!

Sie anziehen?

Ich bin es, die das Hochzeitskleid geschneidert hat, und man muß immer noch letzte Hand anlegen an dem Großen Tag.

Sind Sie Schneiderin? fragte er.

Nein! Nein! Ich arbeite in einer Fabrik ... Ich nähe bloß ab und zu mal ein paar Sachen zusammen, für mich und für Freunde.

Da sparen Sie sicher Geld, sagte er.

Schon, aber ich tue es, weil es mir Freude macht, so wie Sie Akkordeon spielen, wie ich höre ...

Sie mögen Musik?

Sie hob die Arme und hielt sie weit auseinander, als messe sie eineinhalb Meter Stoff ab. Mit Musik, seufzte sie, kann man alles sagen! Spielen Sie regelmäßig?

Jeden Samstagabend im Kaffeehaus, Hochzeiten ausgenommen.

In diesem Kaffeehaus?

Nein, in dem zu Hause.

Wohnen Sie denn nicht hier?

Nach Lapraz sind es drei Kilometer.

Sind Sie verheiratet? fragte sie und sah ihm direkt in die Augen. Ihre eigenen Augen waren graugrün, wie die Jakke, die sie trug.

Unverheiratet, Delphine, antwortete er. Ich spiele zur Hochzeit anderer Männer.

Ich habe meinen Mann vor vier Jahren verloren, sagte sie.

Er muß jung gewesen sein.

Bei einem Autounfall...

So schnell! Er sprach die beiden Worte mit solcher Endgültigkeit aus, daß sie verstummte. Sie befühlte den Stiel ihres Glases, hob es dann zu den Lippen und trank aus.

Sie spielen gern Akkordeon, Félix?

Ich weiß, woher die Musik kommt, sagte er.

Daß es ein schlechtes Jahr werden würde, war Félix von dem Zeitpunkt an klar gewesen, als im Frühling der Schnee zu tauen begann. Um das Dorf herum gab es Weideland, das aussah, als wäre es im vergangenen Herbst umgepflügt worden, und dabei war das gar nicht der Fall. Statt aus Gras wuchsen die Bäume in den Obstgärten aus Schlamm hervor. Überall war der Boden wie ein Tier, dem das Fell ausging. Das war alles der Invasion der Maulwürfe zuzuschreiben. Manche behaupteten, daß sich die Maulwürfe so katastrophal vermehrt hätten, weil die Füchse im Vorjahr gestorben oder abgeschossen worden waren. Ein Fuchs frißt dreißig oder vierzig Maulwürfe am Tag. Die Füchse waren aufgrund der Tollwut gestorben, die aus den fernen Karpaten in unsere Gegend eingeschleppt worden war.

Er stand regungslos im Garten vor seinem Haus. Schräg vor dem Körper hielt er einen Spaten. Seit zehn Minuten stand er so da. Er sah direkt vor seinen Stiefeln auf die Erde. Keine Ackerkrume rührte sich. Gegen die Berge hin drehte ein Bussard seine Kreise, sonst regte sich nichts, so weit man blickte. Die Blätter der Krautköpfe und des Blumenkohls im Garten waren verwelkt und gelb. Mit einer Hand hätte er jede einzelne dieser Pflanzen von der Erde hochheben können, wie man einen Kerzenleuchter vom Tisch hebt. Alle Wurzeln waren abgetrennt.

Als er sah, wie sich das Erdreich bewegte, holte er mit dem Spaten aus und stach zu, wobei er einen Grunzlaut ausstieß, als der Spaten in die Erde drang. Er trat die Scholle beiseite. Da waren die bloßgelegten Gänge und der tote Übeltäter.

Einer weniger! sagte er grinsend.

Albertine, seine Mutter, sah ihrem vierzigjährigen Sohn durch das Küchenfenster zu, als er den Maulwurf mit dem Spaten tötete. Sie rief, er solle hereinkommen, das Essen stehe auf dem Tisch.

Bei der Sonne heute, sagte sie, während sie aßen, dürften die Kartoffeln nicht schmutzig sein.

Dürften sie eigentlich nicht, antwortete er.

Der Welpe unter dem Tisch blickte empor, in der Hoffnung auf einen Knochen oder ein Stück Käserinde. Er war groß und schwarz, mit hellen, wie Mandeln geformten Flecken über beiden Augen, die ihm ein komisches Aussehen verliehen.

Na, Mick! sagte Félix, unser Mick ist ein Clown ohne Zirkus, stimmt's?

Wenn du willst, sagte Albertine, mache ich heute abend Kartoffelkroketten.

Mit Kohlsalat! Er nahm seine Mütze ab und wischte sich mit dem Ärmel über die heiße Stirn. Warum nicht?

Vor Jahren, als Albertine noch kräftig genug gewesen war, auf dem Felde zu arbeiten, machten sie die Kartoffeln gewöhnlich gemeinsam aus. Und während der Arbeit sagten sie einander immer all die Arten her, wie sich Kartoffeln essen ließen: Pellkartoffeln, Kartoffeln mit Käse im Ofen, Kartoffelsalat, Kartoffeln mit Schweineschmalz, Kartoffelbrei mit Milch, Kartoffeln ohne Wasser in der schwarzen Eisenkasserolle gegart, Kartoffelsuppe mit Lauch – und, am besten von allen, Kartoffelkroketten mit Kohlsalat.

Die am Morgen ausgegrabenen Kartoffeln waren auf der Oberfläche des Feldes in der Sonne gut getrocknet. Während Félix sie mit der Hand in Eimer las, sortierte er sie. Die kleinen für das Vieh und das Geflügel, die großen für den Tisch. Manchmal bewegte er sich gebückt vorwärts, manchmal kniete er zwischen den Reihen nieder und kroch vorwärts, wie ein Büßer. Mick lag, hechelnd von der Hitze, am Boden, und jedesmal, wenn Félix sich vorwärtsbewegte, begleitete er ihn. Wenn die Eimer voll waren, leerte der Mann sie am Feldrand in Säcke. Die Säkke waren aus starkem weißem Plastikmaterial und hatten Dünger enthalten. Wenn sie voll waren, sahen sie wie betende Betrunkene in weißen Hemden aus.

Plötzlich wurde der Hund unruhig, den Kopf gesenkt, die Nase in der aufgebrochenen Erde. Heftig schnaufend begann er, mit den Vorderpfoten zu scharren und die Erde hinter sich zu kratzen.

Faß! Mick, faß! Félix ließ sich auf den Hacken nieder, um dem jungen Hund zuzusehen. Er war froh, abgelenkt zu werden und den Rücken auszuruhen, der ihm weh tat. Der Hund grub aufgeregt weiter.

Du willst ihn doch, Mick, oder?

Schließlich legte der Hund einen Maulwurf vor ihm nieder.

Da ist er ja, laß ihn bloß nicht laufen!

Der Hund schleuderte den Maulwurf in die Luft. Einen Augenblick lang war das kleine Tier in seinem grauen Pelz, das fünfzehn Zentimeter lang war und hundertfünfzig Gramm wog, mit Pfoten wie Händen, mit sehr schwachem Augenlicht und scharfem Gehör, berühmt für seine Hoden und die außerordentliche Menge an Samenflüssigkeit, die sie produzieren, einen Augenblick lang schwebte das kleine Tier unglücklich und allein am Himmel.

Rasch, Mick!

Auf die Erde herabgefallen, begann der Maulwurf, der nicht mehr fliehen konnte, zu quietschen.

Pack ihn!

Der Hund fraß den Maulwurf auf.

Im Haus allein, stellte sich Albertine zum hundertsten Male dieselbe Frage: wenn sie nicht mehr wäre, was würde Félix da tun? Männer, so überlegte sie, hatten einen starken Rücken, waren rücksichtslos und waren schwach; diese Grundeigenschaften setzten sich bei jedem Mann auf seine eigene Weise zusammen. Félix brauchte eine Frau, die seine Schwäche nicht ausnutzen würde. Wenn die Frau ehrgeizig oder gierig wäre, würde sie ihn ausbeuten und seinen starken Rücken und seine Rücksichtslosigkeit dazu nutzen, ihn dahin zu bringen, wo sie wollte. Doch jetzt war er vierzig, und die Frau hatte sich noch nicht gefunden.

Da war Yvette gewesen. Yvette hätte ihm Hörner aufgesetzt, so wie sie jetzt dem armen Robert Hörner aufsetzte, den sie geheiratet hatte. Da war Suzanne gewesen. Eines Sonntagmorgens, kurz bevor Félix seinen Militärdienst antrat, da hatte sie gesehen, wie er mit Suzanne auf dem Fußboden unterhalb der Tafel im Schulzimmer zärtlich war – demselben Schulzimmer, wo er als Knabe gelernt hatte! Sie hatte sich vom Fenster fortgestohlen, ohne sie zu stören, doch mahnte sie ihren Sohn wiederholt, wenn sie ihm Briefe in die Armee schrieb, daß Lehrerinnen nicht auf Melkschemeln sitzen können. Suzanne hatte das Dorf verlassen und einen Ladenbesitzer geheiratet.

Wäre es schlimmer für ihren Sohn, allein zu sein, als die falsche Frau geheiratet zu haben? Bei dieser Frage fühlte sich Albertine so hilflos, wie sie sich manchmal als Kind gefühlt hatte.

Am Abend leerte Félix die Säcke mit den Kartoffeln in einen hölzernen Verschlag im Keller unter dem Haus. Kartoffeln, die gerade aus der Erde geholt worden sind, strömen eine eigenartige Wärme aus, und in der Dunkelheit des Kellers glühen sie wie Kinderschultern nach einem Tag in der Sonne. Er sah sich den Haufen kritisch an: es würden bei weitem weniger sein als im Vorjahr.

Bist du fertig geworden? fragte Albertine, als er in die Küche kam.

Noch vier Reihen, Maman.

Ich habe gerade den Kaffee gemacht... Willst du wohl

unter den Tisch! Du bist nicht streng genug mit dem Tier, Félix.

Er hat heute nachmittag fünf Maulwürfe gefangen.

Gehst du aus heute abend?

Ja, es gibt eine Versammlung des Molkereikomitees.

Félix trank den Kaffee aus dem Becher, den seine Mutter ihm gereicht hatte, und begann, in der Zeitung der Kommunistischen Partei für Bauern und Landarbeiter zu lesen.

Weißt du, wo die größte Glocke der Welt ist, Maman?

Nicht am Hals einer unserer Kühe!

Sie heißt Zar Kolokol, wiegt 196 Tonnen und wurde 1735 in Moskau gegossen.

Das ist eine Glocke, die ich niemals hören werde, sagte sie.

Als er in den Stall ging, um zu melken, nahm sie seinen Anzug aus dem Schrank, den ihr Mann eines Winters gebaut hatte, als sie jung verheiratet waren, und bürstete die Hose mit derselben Energie, mit der sie einst ihre Stute gestriegelt hatte. Schließlich, nachdem sie den Anzug auf das hohe Doppelbett unter dem Porträt ihres Mannes gelegt hatte, tat sie etwas, das sie noch nie zuvor im Leben getan hatte. Sie zog sich die Stiefel aus und legte sich vollständig bekleidet aufs Bett.

Sie hörte, wie Félix in die Küche zurückkam, sie lauschte, wie er sich am Spülstein wusch. Sie hörte, wie er die Hose auszog und sich zwischen den Beinen wusch. Als er fertig war, kam er ins Schlafzimmer.

Wo bist du? fragte er.

Ich ruhe mich aus, sagte sie vom Bett her.

Was ist los?

Einfach Ruhe, mein Sohn.

Bist du krank, Mutter?

Ich fühle mich schon besser.

Sie sah zu, wie er sich anzog. Er stieg in die Hose mit den Bügelfalten, die sie geplättet hatte. Er zog das weiße Baumwollhemd an, das an den Manschetten geknöpft wurde und seine stattlichen Schultern zur Geltung brachte. Er schlüpfte in das Jackett – er hatte zugenommen, gar keine Frage. Doch war er immer noch stattlich. Er müßte doch imstande sein, eine Frau zu finden.

Warum gehst du eigentlich nicht zum Zahnarzt? fragte sie. Er blickte sie an, erstaunt.

Er könnte deine Zähne in Ordnung bringen.

Ich habe keine Zahnschmerzen.

Er könnte dafür sorgen, daß du stattlicher aussiehst.

Er könnte auch dafür sorgen, daß wir ärmer werden.

Laß mich dich anschauen mit deiner Mütze.

Er setzte sie auf.

Du siehst sogar noch stattlicher aus als dein Vater, sagte sie.

Als Félix in der Nacht zum Hof zurückkehrte, war zu seiner Überraschung ein Auto mit brennenden Scheinwerfern vor dem Haus geparkt. Er ging schnell hinein. Der Arzt aus dem nächsten Dorf war in der Küche und wusch sich die Hände am Spülstein. Die Tür zum mittleren Zimmer war geschlossen.

Wenn es bis zum Morgen nicht besser ist, wird Ihre Mutter ins Krankenhaus müssen, sagte der Arzt.

Félix blickte durch das Küchenfenster auf den Berg gegenüber, der im Mondlicht die Farbe eines grauen Maulwurfes hatte, doch sah er nicht, was passiert war.

Was ist passiert? fragte er.

Sie hat Ihre Nachbarn angerufen.

Sie wird nicht ins Krankenhaus gehen.

Ich habe keine Wahl, sagte der Arzt.

Da haben Sie recht, sagte Félix, plötzlich wütend, die Wahl muß sie selbst treffen.

Sie können sich hier nicht ordentlich um sie kümmern.

Sie hat fünfzig Jahre hier gelebt.

Wenn Sie nicht aufpassen, wird sie vielleicht hier sterben.

Der Arzt trug eine Brille, und das war das erste, was einem an ihm auffiel. Er betrachtete alles, als wäre es eine Seite, die es zu lesen galt. Er war voller Idealismus direkt von der medizinischen Hochschule ins Dorf gekommen. Jetzt, nach zehn Jahren, war er desillusioniert. Die Leute aus den Bergen hörten nicht auf die Vernunft, so klagte er, die Leute aus den Bergen tränken zuviel, die Leute aus den Bergen wiederholten dauernd, was sie als Kinder einmal gehört zu haben glaubten, die Leute aus den Bergen würden niemals einen rationalen Vorgang erkennen, die Leute aus den Bergen verhielten sich, als glaubten sie, das Leben selbst sei verrückt.

Nehmen Sie noch einen Schluck, bevor Sie gehen, Herr Doktor.

Hat Ihre Mutter eine Zusatzversicherung?

Was haben Sie lieber, Birne oder Pflaume?

Weder noch, danke sehr.

Einen kleinen Enzian? Mit Enzian läßt sich alles kurieren, Herr Doktor.

Keinen Alkohol, danke sehr.

Was bin ich Ihnen schuldig?

Zwanzigtausend, sagte der Arzt und rückte sich die Brille zurecht.

Félix nahm sein Portemonnaie heraus. Sie hat fünfzig Jahre lang jeden Tag des Jahres gearbeitet, dachte er, und heute nacht verlangt dieser kurzsichtige Quacksalber zwanzigtausend. Er zog zwei gefaltete Banknoten hervor und legte sie auf den Tisch.

Der Arzt ging, und Félix betrat das mittlere Zimmer. Sie war so dünn, daß ihr Körper unter der Daunendecke unsichtbar war. Es war, als wäre ihr Kopf, vom Körper getrennt, auf das Kissen gebettet.

Der Ausdruck einer Irritation, wie sie die Schnauze eines Hundes verzieht, wenn er Alkohol riecht, überlief ihr Gesicht, während die Augen geschlossen blieben. Als der Krampf nachließ, wurde ihr Gesicht wieder ruhig, doch war es älter. Sie alterte von Stunde zu Stunde.

Als Félix bemerkte, daß der Hund am Fußende des Bettes auf dem Boden lag, zögerte er. Sie hätte darauf bestanden, daß der Hund hinausmüsse.

Keinen Mucks, Mick!

Er kletterte auf das Bett neben seine Mutter, um sich die ganze Nacht hindurch immer wieder zu vergewissern, daß sie atmete. Sie regte sich, drehte sich auf dem Kissen und bat um Wasser. Als er ihr das Glas gab, konnte sie den Kopf nicht heben. Er mußte ihren Kopf mit der Hand stützen, und ihr Kopf schien nichts zu wiegen, nicht schwerer zu sein als ein Salatkopf.

Beide lagen sie da, wach und ohne ein Wort zu sagen.

Du bringst doch die restlichen Kartoffeln morgen herein? fragte sie schließlich.

Ja.

Im nächsten Frühjahr wird es weniger Maulwürfe geben, sagte sie. Es werden nicht alle genug zu essen haben, um den Winter zu überleben.

Sie vermehren sich schnell, Maman.

Auf lange Sicht erledigen sich solche Sorgen von selbst, beharrte sie, wenn nicht im nächsten Jahr, dann im Jahr darauf. Nur du, du, mein Sohn, du wirst dich immer an das Jahr der Tausend Maulwürfe erinnern.

Nein, Mutter, dir wird es wieder besser gehen.

Am nächsten Tag, als Félix auf der Kreissäge Holz zerkleinerte, machte er alle Stunde eine Pause, um ins Haus zu gehen und sich zu vergewissern, wie es ihr ging. Auf dem großen Bett, die Arme gerade ausgestreckt an den Seiten, öffnete sie jedesmal die Augen und lächelte ihn an.

Alles war fertig und vorbereitet, das wußte sie, in der zweiten Schublade des Schrankes. Ihr schwarzes Kleid mit den Perlmuttknöpfen, das schwarze Tuch mit den aufgedruckten blauen Enzianblüten, die dunkelgrauen Strümpfe und die Schuhe mit den Schnürbändern, die sich leichter anziehen lassen würden als Stiefel. Wie viele Male hatte Marie-Louise versprochen, zu kommen und sie anzuziehen, wenn sie, Albertine, es war, die als erste ging?

In jener Nacht, nachdem Félix gekommen war, um sich neben sie zu legen, sagte sie: Es ist Jahre her, mein Junge, daß du auf deinem Akkordeon gespielt hast.

Ich weiß nicht mal mehr, wo es ist.

Es ist im *grenier*, sagte sie, du hast immer so schön gespielt, ich weiß gar nicht, warum du aufgehört hast.

Es war, als ich aus der Armee entlassen wurde.

Du hast es einfach aufgegeben.

Vater war tot, es gab zu viel zu tun.

Er warf einen Blick auf das Porträt, das über dem Bett hing. Sein Vater hatte einen dichten Schnurrbart, winzige lustige Augen und einen kräftigen Hals. Immer, wenn er Durst hatte, klopfte er sich an den Hals wie an ein Faß.

Spiel mir ein Lied, tust du das für mich? bat ihn Albertine.

Auf dem Akkordeon?

Ja.

Nach so langer Zeit werde ich keinen Hauch herausbringen.

Versuch es.

Er zuckte die Achseln, nahm die Taschenlampe von ihrem Haken an der Wand und ging hinaus. Als er zurückkam, holte er das Akkordeon aus seinem Kasten, streifte sich den einen Riemen über die Schulter, schob das Handgelenk unter den anderen und fing an zu pumpen. Es funktionierte.

Was für ein Lied möchtest du?

»Dans tes Montagnes«.

Die beiden Stimmen des Akkordeons, zart und volltönend, erfüllten den Raum. Ihre ganze Aufmerksamkeit war auf ihn gerichtet. Sein Körper schaukelte langsam zur Musik. Er hat es nie fertiggebracht, sich zu entscheiden, so überlegte sie, es ist, als mache er sich nicht klar, daß dies sein einziges Leben ist. Ich muß es ja wissen, denn ich bin es, die ihn geboren hat. Und dann, von der Musik davongetragen, sah sie ihre Kühe auf der Alm und Félix, wie er laufen lernte.

Als Félix aufhörte zu spielen, war Albertine eingeschlafen.

Nachbarn kamen zu Besuch und brachten Birnen, Walnußwein und einen Apfelkuchen mit. Albertine erklärte wiederholt, sie brauche nichts als Wasser. Sie hörte auf zu essen. Sie war bereit, welche Botschaft auch immer entgegenzunehmen, sie war bereit, mit ihnen um alles zu beten, das sie zu brauchen glaubten, sie war bereit, sie zu segnen, doch sie war nicht bereit, sich Mitleid oder Konkurrenz gefallen zu lassen. Die Reihe war an ihr, zu gehen.

Dem alten Anselme flüsterte sie zu: Versuch, eine Frau für ihn zu finden.

Es ist nicht mehr wie zu unserer Zeit, sagte er und schüttelte den Kopf. Einen Bauern will doch heute niemand mehr heiraten.

Wie nett von dir, das zu sagen, sagte sie.

Ich sage nicht, daß Félix nicht heiraten könnte, antwortete Anselme pedantisch. Ich sage einfach bloß, daß die Frauen seiner Generation Männer aus der Stadt geheiratet haben.

Es ist die Vorstellung, daß er allein zurückbleibt.

Ich bin zwanzig Jahre lang allein gewesen! Es ist jetzt zwanzig Jahre her, daß Claire gestorben ist, und ich kann es empfehlen. Er schmunzelte.

Ruckartig senkte Albertine den Kopf, um anzuzeigen, daß es seine Pflicht sei, sie zu küssen, während sie betete. Folgsam küßte Anselme sie auf den Kopf.

Sie war jetzt so schwach und dünn, daß Félix Angst hatte, sie im Schlaf zu erdrücken. Eines Nachts erwachte er aus einem Traum. Er lauschte auf ihren Atem. Ihr Atem war so schwach wie eine immer wieder aussetzende Brise im Gras, das kurz vor der Mahd steht. Durch die Spitzenvorhänge sah er die Pflaumenbäume, die sein Vater aufgepfropft hatte. Das Licht des Mondes, der im Westen unterging, wurde vom Spiegel hinter der Waschschüssel zurückgeworfen.

Im Traum war er wieder Rekrut in der Armee gewesen. Er ging eine Straße entlang und spielte auf einem Akkordeon. Hinter ihm trug ein Mann ein Schaf. Er war es, Félix, der das Schaf gestohlen hatte, oder vielmehr, eine junge Frau hatte ihm das Schaf gegeben unter der Bedingung, daß ... und er hatte das Schaf genommen, obwohl er genau wußte ...

Der Traum verblaßte immer mehr, er erwachte, und nun sah er etwas anderes. Er sah den Tod, wie er sich dem Hof näherte. Oder vielmehr, er sah die Lampe des Todes, wie sie auf und ab hüpfte, während der Tod gemächlich am Waldrand vorüberkam, wo im Oktober die Buchen die Farbe von Flammen hatten, hinab den großen Weidehang, der sich am unteren Ende schlecht entwässern ließ, unter der Linde entlang, die im August voller Wespen war, über die Radfurchen der alten Straße nach St.Denis hinweg, zwischen den Kirschbäumen hindurch, gegen die er im Juli auf ihr Geheiß immer die lange Leiter lehnte, vorbei am Wassertrog, dessen Quelle niemals einfror, am Misthaufen vorüber, auf den er die Nachgeburten warf, durch den Stall in die Küche. Als der Tod das mittlere Zimmer betrat – wo die geräucherten Würste von der Decke über dem Bett herabhingen –, da sah Félix, daß das, was er für eine Lampe gehalten hatte, in Wirklichkeit eine weiße Feder aus Rauhreif war. Die Feder schwebte auf das Bett herab.

Ruckartig setzte Albertine sich auf und sagte: Hol mir mein Kleid, es ist Zeit zu gehen!

Am Tage nach der Beerdigung, als Félix seine Milch bei der Molkerei ablieferte, waren alle dort von seiner Fröhlichkeit überrascht.

Hast du je als Schlachter gearbeitet? fragte er Philippe, den Käser. Nein? Na, dann mach lieber einen Fernkurs – mit Schaubildern! Nächstes Jahr wird es kein Heu geben, keine Kühe, keine Milch, keinen Bonus für Sahne, kein Bußgeld für Schmutz... Nächstes Jahr werden wir alle mit Maulwurfsfellen handeln! Genau das werden wir tun!

Die Abwesenheit derer, um die man trauert, ist ebenso konkret, wie es ihre Anwesenheit einmal war. Albertines Abwesenheit war dünn, mit arthritischen Händen und langem grauen Haar, das zu einem Knoten gebunden war. Die Augen ihrer Abwesenheit brauchten eine Brille zum Lesen. Zeit ihres Lebens hatten ihr viele Kühe auf die Füße getreten. Jede ihrer Zehen hatte irgendwann einmal den Huf einer Kuh abbekommen, und die Nägel waren folglich verwachsen. Die Zehennägel ihrer Abwesenheit waren gelb wie Horn und unregelmäßig geformt. Die Beine ihrer Abwesenheit faßten sich so weich an wie die einer jungen Frau.

Jeden Abend aß er die Suppe, die er vorher gekocht hatte, er schnitt das Brot, er las die Zeitung der Kommunistischen Partei für Bauern und Landarbeiter, er zündete sich eine Zigarette an. Er verrichtete diese Tätigkeiten, während er sich an ihre Abwesenheit schmiegte. Wenn die Nacht herankam und die Kühe im Stall sich auf ihre Streu aus Stroh und Buchenblättern niederließen, durchdrang die Wärme seines eigenen Körpers ihre Abwesenheit, so daß sein eigener Schmerz daraus wurde.

Zu Allerseelen kaufte er ein paar Chrysanthemen, weiße, in der Farbe von Gänsefedern, und er stellte die Vase mit den Blumen nicht vor den Grabstein auf dem Kirchhof, sondern auf die Marmorplatte der Kommode im mittleren Zimmer neben dem großen leeren Bett.

Eine Woche später kam der Schnee. Die Kinder rannten kreischend aus der Schule, begierig, Schneemänner und Iglus zu bauen. Als Félix seine Milch bei der Molkerei ablieferte, wiederholte er die Bemerkung, die Albertine jedes Jahr gemacht hatte, wenn der erste Schnee fiel:

Wenn es nur recht viel schneit heute nacht, wenn der Schnee nur so hoch liegt, daß unsere Hühner die Sterne aufpicken können!

Durch das Küchenfenster starrte er den weißen Berg an. Mick leckte einen Teller auf dem Fußboden ab.

Der Winter ist lang, es wäre besser, wir könnten schlafen.

Der Hund sah auf.

Wer, glaubst du, wird die Wahlen gewinnen? Dieselbe Bande wie zuvor, he?

Der Hund fing an, mit dem Schwanz zu wedeln.

Weißt du, was du gern magst und was in Béthune hergestellt wird? Weißt du's, Mick?

Félix stapfte durch die Küche auf den massiven Küchenschrank zu. Um etwas vom obersten Schrankbrett zu nehmen, mußte man sich auf einen Stuhl stellen. Die Türen mit den viereckigen Glasscheiben und den abgeschrägten Fensterrahmen waren so groß, daß eine Kuh hindurchgepaßt hätte.

Du weißt es also nicht, Mick, was sie in Béthune herstellen? Vom untersten Schrankbrett nahm er eine Packung Zucker.

Zucker, Mick, Zucker stellen sie in Béthune her!

Schroff warf er dem Hund zwei Stücke hin. Dann noch drei. Sechs. Dann leerte er die ganze Packung. Fünfzig Zuckerstücke fielen in einer Staubwolke auf die Dielen.

Zucker in Béthune! Milch hier! Er brüllte die Worte so heftig heraus, daß der Hund sich unter dem Tisch verkroch.

Eines Tages im Januar bemerkte er, daß die Bodenbretter, die sonst die Farbe von Brot gehabt hatten, nun grau wie Schiefer waren. Er schickte den Hund hinaus, er schürte das Feuer im Herd mit Holz, er zog Stiefel und Hose aus und fing an, auf den Knien den Boden zu schrubben. Er hatte zu lange nichts getan, der Schmutz war schon verkrustet. Er knirschte mit den Zähnen, er füllte immer wieder den Eimer mit Wasser aus dem riesigen Topf auf dem Herd. Langsam wechselten die Dielen die Farbe.

Je länger er schrubbte, desto deutlicher sah er, wie die zahllosen Male, daß der Fußboden geputzt worden war, zu einem einzigen Augenblick in einer Ewigkeit von Staub und Vernachlässigung zusammenschrumpften. Er streckte den Rücken und blickte zum Küchenschrank hinauf. Auf dem obersten Brett stand ihr bestes Porzellan, mit einem Dekor aus Zweigen und Blumengirlanden: Veilchen, Vergißmeinnicht, Geißblatt. Die Art, wie die Blumen um den Plattenrand, in der Tellermitte und an den Schüsselwänden gemalt waren, ließ ihn an Ohren, Münder, Augen und Brüste denken.

Er zog Hose und Stiefel an, legte Zeitungspapier aus, und indem er von einer Seite zur nächsten stieg, gelangte er zur Tür. Draußen schneite es grauen Schnee. Er taumelte wie ein Betrunkener in den Stall, und dort, den Kopf an die Lende einer seiner Kühe gelehnt, erbrach er sich, bis nichts mehr in seinem Magen war.

***

Ein paar Tage später schlug er die Kuh Myrtille. Myrtille hatte die schlechte Angewohnheit, nach der Kuh neben ihr zu stoßen. Wenn er Myrtille einen Stock zeigte, genügte das gewöhnlich, um sie davon abzuhalten. Sie blickte ihn finster mit ihren schamlos ruhigen Augen an, und er schwang den Stock in der Luft und sagte: Der Geigenbogen, he! Genügt dir das oder möchtest du ein bißchen Musik!

An dem betreffenden Abend vergaß er den Stock, und Myrtille stieß ihn von seinem Schemel, als er die Zitzen ihrer Nachbarin zum Anschließen an die Melkmaschine vorbereitete. Er packte einen Rechen und schlug Myrtille mit dem Stiel über die Lenden. Sie senkte den Kopf, und er schlug sie heftiger. Er schlug sie jetzt, weil er sich von ihr dazu hatte bringen lassen, sie zu schlagen. Sie legte sich auf den Boden, und er schlug sie aus der Wut seiner Gewißheit heraus, daß er nicht aufhören konnte, sie zu schlagen.

Im Namen Gottes! Er spuckte die Worte heraus, als wären sie seine eigenen herausgebrochenen Zähne. Nichts! Niemand!

Die Wucht jedes Hiebes setzte sich bis in seine Schultern fort. Dann brach der Stiel des Rechens ab.

Ihm war, als würde das Tier ihm niemals verzeihen.

Gegen Ende Mai begann der riesige Überzug aus Packschnee, jeden Tag ein paar Zentimeter das Dach hinabzurutschen. Noch eine Weile, und dann würde der Schnee, der über das Dach hinaushing, am Rand abbrechen und auf dem Boden zu tausend Stücken zerschellen. Im Keller trieben die Kartoffeln, trotz Dunkelheit und der Dicke der Mauern, rosaviolette Keime. Die Kraft dieser Keime ist so groß, daß sie Leinwand oder Drillich durchbohren können, als wären sie dünne Luft.

Eine Woche zuvor hatte der Arzt ihn gefragt: Erbrechen Sie immer noch? Wollen Sie noch mehr Tabletten?

Félix hatte geantwortet: Nein, Herr Doktor ... was ich brauche, ist ein zusätzliches Paar Hände. Können Sie mir darüber ein Rezept ausstellen? Am liebsten die Hände einer Frau, aber ich nähme auch die von einem Mann oder gar von einem Knaben.

Damit bestätigte er eine der Lieblingsthesen, die der Arzt beim Abendessen gern zum besten gab: nämlich, daß der Frauenmangel im Tal – die besten Männer seien fortgegangen und die Frauen ihnen gefolgt – die Idioten, die zurückblieben, zu Homosexualität und gar Sodomie treibe.

In vierundzwanzig Stunden scheißt eine gutgenährte Kuh eine ganze Handkarre von Dung. Der Winter hatte hundertfünfzig Tage gedauert, und Félix hatte siebzehn Kühe. Er dachte an die Zeit zurück, ehe sie einen Traktor gekauft hatten, als der ganze Winterdung mit einer Forke auf einen Kippwagen gegabelt, vom Pferd auf das Feld gezogen und in Haufen abgeladen werden mußte, um dann wiederum mit einer Forke verteilt zu werden. Jetzt hatte er eine mechanische Schaufel und eine Düngmaschine. Und jetzt war er allein.

Albertine hatte recht gehabt: es gab weniger Maulwurfshügel. Viele Maulwürfe mußten gestorben sein, die stärksten die schwächsten gefressen haben. Am Morgen, als er den Traktor in Betrieb nahm, herrschte Frost. Gegen Mittag, als er mit der Düngmaschine am Hang war, geriet er ins Schwitzen. Dieses Jahr versagte er es sich, die Schaffelljacke auszuziehen. Wenn er sich eine Erkältung holte und krank würde, wäre niemand da, um die Kühe zu melken. Seine Einsamkeit hatte seltsame Verzweigungen. Seine von Kuhscheiße verklebten Hosen stanken vor sich hin, bis er sie selbst in die Waschmaschine steckte. Zuweilen roch die Einsamkeit des Hauses ätzend wie Kuhscheiße.

Jeden Abend, wenn er am Tisch unter der Uhr saß, die immer eine halbe Stunde vorging, damit er die Milch nicht zu spät bei der Molkerei ablieferte, beschloß er, was am folgenden Tag zu tun war. Scheiße bis Sonntag, Mick, oder sollen wir das Holz machen?

Während des Winters war es eine Frage gewesen, wie man die Zeit totschlug. Jetzt war die Zeit wieder auferstanden. Er vergaß naheliegende Dinge. Er fütterte die Hühner und vergaß die Eier. Er hatte die Eier aus dem Hühnerstall seit seinem siebten Lebensjahr nicht mehr eingesammelt, als sein Vater zum zweiten Male fortgegangen war. Das erste Mal war sein Vater fortgegangen, um seinen Militärdienst abzuleisten, das zweite Mal war er nach Paris gegangen, um das Geld zu verdienen, damit das Haus neu mit Ziegeln gedeckt werden konnte; er brauchte vier Winter, bis er genug verdient hatte.

Wie oft hatte er den Vater die Geschichte von seiner Armeezeit erzählen hören. Soldat Berthier! Warum haben Sie den Befehl, der Ihnen erteilt wurde, nicht befolgt? Antwortete sein Vater: Einer von euch sagt mir, ich soll dies tun, der andere sagt, ich soll das tun, und noch ein anderer sagt, ich soll wieder etwas anderes tun, also was soll ich da tun? Sagt mir nur klipp und klar, was ihr wollt, und ich werde es tun! Soldat Berthier! Machen Sie diese Stube sauber! Einer von euch sagt mir, ich soll dies tun, der andere sagt, ich soll das tun... Auf jeden Befehl antwortete sein Vater auf dieselbe Weise. Soldat Berthier! Einen Monat Arrest! Er wurde in eine Zelle gesteckt. Arrestant Berthier, sind Sie ein guter Schütze? Ihr sagt mir klipp und klar, was ihr wollt, und ich werde es tun. Die Kompanie braucht einen guten Scharfschützen, Berthier! Er wurde herausgelassen und bekam ein Gewehr und fünf Patronen. Er traf fünfmal ins Schwarze. Den Rest seines Militärdienstes gab es für ihn keine Pflichten und keine Strapazen mehr. Alles, was er tun mußte, war, gelegentlich auszurücken und bei dem Wettschießen des Regimentes anzutreten. Wenn sein Vater zum Ende der Geschichte kam, fügte er immer hinzu: Auf dieser Erde, Felo, muß man schlau sein.

Im April setzte er seine Kartoffeln. In diesem Jahr war es im April so heiß, wie es sonst gewöhnlich im Juni ist. Er ging langsam die Furche entlang und ließ alle zwanzig Zentimeter zwischen seinen Beinen eine Kartoffel fallen. Zuweilen fiel eine Kartoffel schlecht, und er war gezwungen, sich zu bücken und sie richtig hinzustecken.

Es gibt solche, die wissen, wo sie hinsollen, Mick, und solche, denen man ihren Platz erst zeigen muß!

Er suchte jedesmal mit den Augen genau den Platz zwischen den Schollen aus, wohin die Kartoffel fallen sollte. Wenn er das nicht tat, fiel sie schlecht.

Nachdem die letzte Kartoffel gesetzt war, stieg er zum Hause hinauf. Es war schon fast Mittag. Plötzlich hielt er mitten im Schritt inne. Hoch über dem Dach flog ein Bienenschwarm von der Sonne fort gegen Norden.

Er eilte in die Küche und kam mit einem großen Topf und einer metallenen Suppenkelle wieder heraus. Er lief durch den Obstgarten und schepperte mit der Kelle im Topf. Mick blieb ihm bellend an den Fersen. Als er den Schwarm überholt hatte, trommelte er noch lauter und hielt den Topf so, daß er in der Sonne aufglänzte und wie ein Spiegel blitzte. Der Schwarm, einem einzigen Willen untertan, steuerte direkt auf den nächsten Pflaumenbaum zu und ließ sich auf einem der Zweige nieder.

Jetzt konnte er sich Zeit lassen. Er fand einen leeren Bienenkorb und rieb die Innenseite mit Pflaumenblättern aus. Er schlenderte zum Schuppen hinüber, um eine Säge zu holen. Er sägte den Zweig, auf dem sich die Bienen niedergelassen hatten, ab und trug ihn zum Bienenkorb hinüber. Dort gab er dem Zweig mit einem Brett einen heftigen Schlag, und der Schwarm fiel wie eine Perücke herab.

Wenn die Königin dabei ist, bleiben sie, wenn nicht, fliegen sie morgen fort.

Und da hörte er auf einmal die Stimme seiner Mutter, die ihn beim Namen rief. Das Geräusch, das die Bienen machten, brachte ihre Stimme hervor und dämpfte sie zugleich. Die Stimme wiederholte immer wieder seinen Namen, als liege im Namen selbst nun die Einsamkeit seiner Tage.

Jede Jahreszeit bürdet den Männern Lasten auf, als wären sie Schubkarren, und dann schiebt sie sie vorwärts zu den anstehenden Aufgaben. Félix pflügte das Feld für die Luzernen. Eines Tages, als er zwölf Jahre alt gewesen war, hatte sein Vater auf dem Feld, das er jetzt pflügte, zu ihm gesagt:

Willst du mit mir auf die Jagd kommen?

Sie stiegen zu zweit zum Wald unterhalb von Peniel hinauf.

Wir warten hier, Felo, und tun nichts. Mund zu und Augen auf.

Sein Vater schnitt ein paar Zweige von einer Buche ab und stellte sie wie einen dünnen Wandschirm vor ihnen auf. Die Buchenblätter, die sich gerade erst entfaltet hatten, sahen so frisch wie Salat aus. Sie warteten hinter dem Schirm eine Ewigkeit, so kam es Félix vor. Die Knochen in seinem Körper fingen einer nach dem anderen zu schmerzen an, weil er kein Glied zu bewegen wagte. Sein Vater saß so geduldig da, als höre er Musik, das Gewehr zwischen den Knien. Hinter einer Fichte in zwanzig Metern Entfernung erschien ein Keiler, hielt inne und schritt dann wie ein vertrauter Stammbesucher quer durch ihr Blickfeld. Der Vater schoß. Der Keiler stürzte hin und lag da, wie auf unerklärliche Weise vom Schlaf überwältigt.

Weißt du, was wichtig ist in diesem Leben, Felo?

Nein, Papa.

Eine gute Gesundheit. Und was hast du von einer guten Gesundheit? Du hast eine ruhige Hand.

Der Vater stieß das Tier mit dem Stiefel an.

Bewach ihn! sagte er und verschwand den Pfad zum Dorf hinab. Félix hockte sich neben den toten Keiler, dessen kleine Augen geöffnet waren. Als sein Vater mit einem Schlitten über dem Rücken zurückkehrte, keuchte er schwer, aber er grinste dazu. Zusammen schnallten sie den

Kadaver – er wog gute hundertfünfzig Kilo – auf den leichten Schlitten. Dann traten sie ihre schwierige Reise talwärts an.

Vater Berthier spannte sich selbst zwischen die beiden Holzbügel in der Haltung eines zweibeinigen Pferdes. So konnte er ziehen, wenn die Schlittenkufen auf ein Hindernis stießen oder wenn der Hang nicht steil genug war, und so konnte er bremsen, wenn sie zu schnell über den Schlamm oder das junge rutschige Gras glitten, indem er die Hacken einstemmte und den Schlitten vorn anhob, so daß sich der Schwerpunkt nach hinten verlagerte und die Kufenenden sich in den Boden drückten. Félix folgte, indem er den Schlitten an einem Strick festhielt, um die Geschwindigkeit zu verlangsamen, doch zog es ihn in Wirklichkeit nur schneller mit hinab. Ein falscher Schritt des Vaters, und der losstürmende Keiler samt Schlitten würde ihn umstoßen und über den Haufen fahren.

Seine letzte Heimreise, Felo!

Nicht so schnell, Papa!

Der Junge hatte das Gewehr seines Vater auf dem Rükken.

Als sie drunten auf der Straße waren, die am Kaffeehaus vorbeiführt, blieben sie stehen, um die Beine auszuruhen.

Die Knie sind es, nicht wahr, wo man es spürt?

Meine Beine sind nicht müde, log der Junge.

Na, da haben wir ja einen wackeren Mann!

Auf der Grasböschung neben der Straße rutschte der Schlitten sanft und leicht. Der Junge ließ den Strick los und nahm das Gewehr unter den Arm, wie ein Jäger.

Sie begegneten Louis, der einen Politiker unter den Tisch argumentieren konnte.

Monat Mai, Jagdsaison, wie? fragte Louis.

Es ist keine Gazelle! sagte sein Vater.

Wenn ich du wäre, würde ich ihn schnell verschwinden lassen, sagte Louis. Wieviel Schuß?

Ein Schuß, nur ein Schuß. Felo hier wird einmal ein Jäger. Seine Hand ist so ruhig wie ein Felsen.

Und das erfüllte Félix, obwohl er wußte, warum sein Vater, raffiniert wie immer, diese Geschichte erfunden hatte, mit Stolz.

Als sie zu Hause waren und den Keiler im Keller versteckt hatten, sagte sein Vater: Es wird Zeit, daß du lernst, wie man mit einem Gewehr umgeht, ich besorge dir eins. Was hältst du davon?

Ich hätte lieber ein Akkordeon, gab Félix zur Antwort.

Ein Akkordeon! Ach so, du willst die Mädchen verführen, wie?

Eines Nachts, ein paar Monate später, war Félix schon im Bett, als er seinen Vater in die Küche kommen und mit jener Singsang-Stimme brüllen hörte, die bedeutete, daß er getrunken hatte. Es waren ein paar andere Männer bei ihm, die lachten. Dann trat Stille ein, und plötzlich hörte man die Töne eines Akkordeons, das unbeholfen gespielt wurde. Ich hab es für Felo besorgt, hörte er seinen Vater brüllen, Valentine hab ich's abgeluchst. Sie war froh, es loszuwerden, wo Emile doch jetzt tot ist, was will sie mit einem Akkordeon anfangen? Armer Emile! sagte eine andere Stimme. Sie hat es nie gemocht, wenn er spielte, sagte ein dritter Mann, sie ist doch immer aus dem Zimmer gegangen, sowie Emile das Ding hervornahm. Wieso denn das? Sie war eifersüchtig, das war unsere Valentine, und Emile hat eifrig dazu beigetragen. Er hat sie gern eifersüchtig gemacht! Weißt du, was er seinem Akkordeon für einen Namen gegeben hat? Wie hat er es genannt? Er nannte sein Akkordeon Caroline! Komm und setz dich auf meinen Schoß, Caroline, sagte er immer, komm und laß dich streicheln! Ihr Männer seid doch alle gleich, hörte Félix seine Mutter protestieren. Komm und setz dich auf meinen Schoß, Albertine! dröhnte sein Vater, komm her und ich drücke dich! Er betätigte die Baßknöpfe, und das Instrument muhte wie ein Stier. Du wirst noch Félix aufwecken, das sehe ich kommen! sagte seine Mutter.

Es war ein diatonisches Akkordeon mit zwölf Baßtasten für die linke Hand, gebaut von F. Dedents in den Zwanzigern. Es hatte Perlmuttknöpfe, die Seiten waren blau und mit gelben Blumen verziert, und die Klangzungen bestanden aus Metall und Leder. Er lernte, es im Sitzen zu spielen, er ließ die rechte Tastatur auf seinem linken Schenkel ruhen und öffnete das Akkordeon wie eine Kaskade, die auf der linken Seite des Stuhls gegen den Boden hinabfiel. Eine Klangkaskade.

Spät im Monat Mai kann man das Gras vor seinen Augen wachsen sehen. Den einen Tag ist es wie ein Teppich, am nächsten geht es einem halb bis zu den Knien. Sieh zu, daß du es gemäht kriegst, sagte Albertine gewöhnlich, oder es wird einem die Fotze kitzeln.

Die Kühe in Félix' Stall rochen das neue Gras. Sie verfolgten mit ihren schamlos geduldigen Augen die beiden Schwalben, die ein Nest an dem Balkenkreuz über dem Pferdeverschlag bauten, der seit dem Kauf des Traktors leer stand. Sie starrten auf Quadrate von Sonnenlicht an der Nordwand, die den ganzen Winter lang im Schatten gelegen hatte. Sie wurden unruhig. Sie muhten nach Félix, lange ehe die Melkzeit gekommen war. Sie wollten ihre

Kroketten nicht in Ruhe essen, während sie gemolken wurden. Wenn sie einander mit der langen Zunge ableckten, so taten sie das mit einer Art von Besessenheit, als müsse das Salz, das sie schmeckten, ein Ersatz für all das grüne Gras draußen sein.

Sie wollen draußen sein, nicht wahr? Sie brauchen keinen Kalender, um es zu wissen, und es schert sie einen Scheißdreck, welches Jahr wir haben. Morgen lassen wir sie raus, morgen, wenn das Gras trocken ist.

Spät am folgenden Morgen hakte Félix die Kette jeder Kuh los und öffnete die große Stalltür.

Myrtille drehte sich dem plötzlichen Licht zu und spürte, daß ihr Hals frei war. Dann taumelte sie wie eine Rekonvaleszentin auf die Tür zu. Sowie sie draußen war, hob sie den Kopf, brüllte und trottete auf das grüne Gras zu, das sie auf der Wiese sah. Mit jedem Schritt kam sie wieder zu Kräften.

Halt sie zurück, Mick!

Der Hund sprang der Kuh nach und bellte ihre Vorderbeine an, so daß sie stehenblieb, den Hals gespannt und gerade ausgestreckt, die Ohren aufgestellt wie ein zweites Hörnerpaar, und ihre unbeirrbaren Augen starrten durch das Sonnenlicht die Wiese an. Unbeweglich, die Schnauze, der Hals, die Lenden und der Schwanz in einer geraden Linie, war sie wie das erste Standbild, das je von einer Kuh gemacht wurde. Die anderen Kühe drückten sich durch die Stalltür, immer drei zugleich.

Ruhig, um Himmels willen! Es ist genug für euch alle da. Komm zurück, Princesse!

Sie wälzten sich den Hang hinab auf Myrtille zu. Mick sah, wie die ganze Herde auf ihn herabstürmte. Mit offenem Maul, doch ohne zu bellen, ohne zu winseln, schlich er sich zum Straßenrand, als sie vorüberdonnerten und im Triumph Myrtille mit auf die Weide trieben. Sobald sie die Füße im Gras spürten, kam ihre Massenflucht zum Stillstand. Einige warfen die Hinterbeine in die Luft. Zwei verschränkten die Hörner und schoben ihr volles Gewicht gegeneinander. Andere drehten langsame Kreise und lauschten. Die Bäche von den Bergen über dem Dorf, weißschäumend von so viel geschmolzenem Eis, plapperten wie verrückt. Der Kuckuck rief. Ganze Weiden wechselten plötzlich ihre Farbe von Grün zu Buttergelb, weil der Löwenzahn, über Nacht geschlossen, seine Blüten öffnete.

Princesse bestieg Mireille – wenn eine Kuh bullig ist, spielt sie oft den Stier.

Geh von ihr runter!

Mireille, mit Princesse auf ihrem Rücken, stand und starrte die Berge an. Der Sonnenschein drang ihnen bis ins Knochenmark. Als der Hund näherkam, rutschte Princesse sanft von Mireilles Rücken, und der Wind aus Nordwesten, von jenseits der Berge, kräuselte ihnen das Haar zwischen den Hörnern.

Félix spannte den Draht vor den Einlaß zur Weide, schaltete den Strom ein, pflückte einen Schierlingshalm und hielt ihn gegen den stromführenden Draht. Nach einer Sekunde schoß seine Hand wie ein aufgeschreckter Vogel hoch. Langsam kehrte er zum Haus zurück, wobei er zweimal stehen blieb, um auf das Glück der Kühe zurückzublicken.

Er rief den Besamer an, um ihn zu bitten, wegen Princesse vorbeizukommen, und gab ihm die Kodenummer ihrer letzten Besamung.

Beim Heumachen geht es immer um einen Wettlauf. Je schneller das Heu drinnen ist, um so besser ist es. Jedoch muß das Heu trocken sein, sonst gärt es. Im schlimmsten Falle, so eine Bauernweisheit, konnte feuchtes Heu ein Haus in Brand setzen. Wenn du kein Risiko eingehst, kriegst du dein Heu nie früh herein. Wenn alles gutgeht, hast du schließlich Heu, das wie Stroh ist. Ungeduldig setzt man also darauf, daß die Sonne anhält und das Gewitter sich verzögert. Nicht wir sind es, die das Heu machen, wiederholte Albertine jedes Jahr, es ist die Sonne, die das Heu macht.

Diese Lotterie machte das Heumachen zu so etwas wie einer *fête*. Jedesmal, wenn sie gewannen, hatten sie den Himmel übervorteilt. Manchmal gewannen sie um Minuten, und die ersten Regentropfen fielen schon, während das Pferd den letzten Wagen Heu, das zwei Tage zuvor gemäht worden war, in die Scheune zog. Die Eile, die Frauen und Kinder auf den Wiesen, der Schweiß, der mit Quellwasser abgewaschen wurde, der Durst, der mit Kaffee und Cidre gelöscht wurde, die Möglichkeit, in der Scheune von einer Höhe von fünf Metern zu springen, um auf köstliche Weise unverletzt im Heu zu landen, das Heu, das er entwirren und striegeln konnte, die Scheune, so groß wie eine Kirche, die sich langsam füllte, bis er schließlich oben auf dem Heu mit dem Kopf das Dach berührte, das Abendessen in der überfüllten Küche nachher, das alles hatte das Heumachen während der ersten Hälfte seines Lebens zu einer *fête* gemacht.

Heute war er allein, allein, um die Risiken abzuwägen, um das Heu zu mähen, es auszubreiten, es zu wenden, es zusammenzuharken, es aufzuladen, zu transportieren, abzuladen, zu stapeln, es auszugleichen, um den Durst zu löschen, sein eigenes Abendessen zuzubereiten. Mit den neuen Maschinen mußte er nicht schwerer arbeiten als in der ersten Hälfte seines Lebens; der Unterschied heute bestand darin, daß er jetzt endgültig allein war.

Er hatte die Hälfte des Grases auf dem Gelände gemäht, das sein Vater immer Großmutters Wiese nannte. Es lag an dem Hang über der Linde. Das Heu war gewendet, aber brauchte noch eine gute Stunde Sonnenschein. Es war heiß und drückend, das richtige Wetter für Stechfliegen. Er studierte den Himmel, als wäre er eine Uhr, an der er ablesen konnte, wie viele Stunden das Gewitter wohl noch entfernt war. Dann bückte er sich, um wieder eine Handvoll Heu zu nehmen und den Trockenheitsgrad mit den Fingern zu prüfen. Vier Anhängerladungen waren einzubringen. Er beschloß, noch eine halbe Stunde mit dem Harken zu warten. Er schaltete den Traktormotor aus und ging zum Rand der Wiese, wo es an einem kleinen Eschenhain einen Schattenstreifen gab. Dort legte er sich nieder und zog sich die Mütze über die Augen. Er versuchte, sich an die Kälte des Winters zu erinnern, doch es gelang ihm nicht. Er glaubte, in der Ferne Donner zu hören, und sprang auf die Füße.

Jetzt aber rein damit, Felo.

Er kehrte am Rande der ungemähten Hälfte der Wiese entlang zum Traktor zurück, wo das Gras grün war und die Blumen noch Farbe hatten. Die Feuernelke, rosafarben wie Lippenstift. Die winzige Wicke, verstreut wie Sterne sahniger Milch. Die Glockenblume, malvenfarben, mit hängendem Kopf. Die tiefblaue Bergkornblume, mit der man Bindehautentzündung kurieren kann, die Knospe kreuzweise mit schwarzer Spitze besetzt, wie die Strümpfe von Tänzerinnen. Die, die ihm auffielen, pflückte er.

Benediktenkraut, gelb wie ein Halstuch. Pippau, strotzend, borstig, blond. Duftende Orchidee, rot wie der Penis eines Schweines. Er begann, schnell und wahllos zu pflücken, um einen Strauß zu sammeln, den ersten seit seiner Schulzeit.

Jetzt aber rein damit, Felo.

Er fuhr mit dem Traktor zum Haus zurück, hängte den Heuwender ab und die Harkmaschine an. Die Blumen steckte er in ein Marmeladenglas, das er mit Wasser aus dem Hahn in der Küche füllte.

Das Gewitter brach los, als er die letzte Ladung einbrachte.

Um Haaresbreite gerettet, Mick!

In der Scheune war er bis zur Hüfte nackt. Bauch und Rücken, so selten der Luft ausgesetzt, waren blaß wie bei einem Baby. Wenn man ihn ansah, mußte man an einen Vater denken, wie er von seinem Kind gesehen wird. Das lag vielleicht daran, daß sein eigenes Fleisch zugleich männlich und kindlich aussah.

Als er den Anhänger entladen hatte, war es Zeit, mit dem Melken anzufangen. Er ging in den Regen hinaus. Er spürte, wie der Regen sein Blut kühlte. Das Wasser lief ihm den Rücken hinab in die Hose. Dann zog er sein Unterhemd und sein kariertes Hemd an, warf sich die blaue Kappe auf das nasse Haar, schaltete den Motor der Melkmaschine an und ging in den Stall. Er ließ die Tür offen, denn drinnen gab es wenig Licht, und seine Augen schmerzten noch vom Heustaub.

Als er mit dem Melken fertig war, ging er in die Küche. Er hatte die Fensterläden geschlossen, worauf Albertine im Sommer immer bestanden hatte, um den Raum kühl zu halten. Das Licht des Sonnenunterganges sickerte durch die Lamellen. Auf dem Fensterbrett stand der Blumenstrauß, den er gepflückt hatte. Als er ihn sah, hielt er mitten im Schritt inne. Er starrte ihn an, als wäre er ein Gespenst. Im Stall pißte eine Kuh; die Stille und das Schweigen in der Küche waren vollkommen.

Er zog sich einen Stuhl unter dem Tisch hervor, setzte sich nieder und weinte. Während er weinte, sank sein Kopf langsam herab, bis die Stirn das Wachstuch berührte. Seltsam, wie Tiere Kummer hören können. Der Hund näherte sich Félix' Rücken, stellte sich auf die Hinterbeine und ließ die Vorderpfoten auf seinen Schulterblättern ruhen.

Er weinte um all das, was nicht mehr geschehen würde. Er weinte um seine Mutter, wie sie Kartoffelkroketten backte. Er weinte um sie, wie sie Rosen im Garten pfropfte. Er weinte um seinen Vater, wie er brüllte. Er weinte um den Bobschlitten, den er als Junge gehabt hatte. Er weinte um das Haardreieck zwischen den Beinen von Suzanne, der Schullehrerin. Er weinte um den Geruch, wenn eine Frau Bettlaken bügelte. Er weinte um Marmelade, die in einem Topf auf dem Herd blubberte. Er weinte, weil er den Hof nicht für einen einzigen Tag verlassen konnte. Er weinte um den Hof, auf dem es keine Kinder gab. Er weinte um das Geräusch des Regens auf den Rhabarberblättern und um die dröhnende Stimme seines Vaters: Hör dir das an! Das ist es, was du vermißt, wenn du auf Monate zur Arbeit fortgehst, und wenn du im Frühling wiederkommst und dieses Geräusch wiederhörst, dann sagst du – Gott im Himmel sei Dank, ich bin wieder zu Hause! Er weinte um das Heu, das noch einzubringen war. Er weinte um die zweiundvierzig Jahre, die vorübergegangen waren, und er weinte um sich selbst.

Im Juli kommen einem die Abende endlos vor. Als Félix mit Heustaub an den Stiefeln und tränenverschmiertem Gesicht seine beiden Kannen Milch zur Molkerei brachte, konnte er meilenweit durch das Tal hin zu den Bergen sehen. Die meisten Wiesen waren gemäht. Weil er allein war, würde er immer der letzte sein, der mit dem Heu fertig wurde. Nun, da die Hitze nachgelassen hatte, lag der abrasierte Boden in einer Art von Trance da und wartete auf Hasen oder Liebende. Er fuhr schneller als sonst, er schnitt die Kurven. Die Reifen quietschten, als er bremste. Es waren schon fünf andere Wagen da. Er stieß die Tür auf, als wollte er sie eintreten. Der Käser und die anderen Bauern, die ihre Milch abgeliefert hatten, sahen ihn fragend an. Er schüttete seine Milch in die Wanne auf der Waage, ohne auf die Anzeige zu schauen. Und als er die Wanne in den Kessel leerte, tat er das mit einer Heftigkeit, die das Lächeln auf den Gesichtern der anderen verschwinden ließ. Die Milch spritzte bis an die Holzdecke. Seine zweite Kanne leerte er auf dieselbe Weise.

Alles in Ordnung zu Hause, Félix?

Nichts, niemand, über den ich mich zu beklagen hätte.

Ein Glas Roten? Albert, der Alte, hob eine Flasche vom Regal über dem Spülstein. Félix lehnte ab und ging.

Um Gottes willen! murmelte einer von ihnen und schüttelte den Kopf.

In ein oder zwei Jahren, sagte Albert, wird er das Trinken anfangen. Die Männer sind nicht dazu geschaffen, allein zu leben. Die Frauen sind stärker, sie werden eins mit dem Wetter, ich weiß nicht wie.

Find eine Frau für ihn!

Er wird niemals heiraten.

Warum sagst du das?

Zu spät.
Es ist nie zu spät.
Einen Haushalt zu gründen mit einer Frau, doch, dafür ist es zu spät.
Er würde einen guten Ehemann abgeben.
Es ist eine Frage des Vertrauens, beharrte Albert.
Wessen Vertrauen?
Nach Vierzig hat ein Mann nicht mehr genug Vertrauen zu einer Frau.
Kommt auf die Frau an.
Egal welche Frau.
Um Himmels willen!
Nimm an, er findet eine alte Jungfer – er wird sich sagen: irgendwas muß mit ihr los sein, niemand sonst hat sie wollen. Nimm an, er findet eine Frau, die geschieden ist – er wird sagen: sie hat einem etwas Böses getan, sie wird mir dasselbe tun. Nimm an, er findet eine Witwe – er wird sagen: sie ist schon einmal eine Ehefrau gewesen, es ist mein Hof, hinter dem sie her ist! Mit dem Alter werden wir alle ein bißchen mißtrauischer.
Und was, wenn er eine junge Frau findet, die unverheiratet ist?
Ach, mein armer Hervé, sagte Albert, du sagst das, weil du selber noch jung bist. Wenn Félix eine Jungfrau findet –
Eine Jungfrau!
Spielt keine Rolle! Nimm an, er findet eine junge Frau, er wird sich sagen – und wer weiß, könnte er nicht recht haben? – er wird sich sagen: in einem Jahr etwa wird sie mir Hörner aufsetzen, so sicher wie die Nacht dem Tage folgt...
Die Männer lachten, Albert reichte jedem ein Glas Wein, und sie sahen mit Muße zu, wie die weiße Flüssig-

keit sich im Kupferkessel erhitzte, die weiße Flüssigkeit, die erst nach einer Geburt zu fließen beginnt. Draußen dunkelte der Himmel sacht, und die ersten Sterne waren wie Schlafsand in seinen Augen.

Félix, schon wieder zurück in der Küche, las die Zeitung der Kommunistischen Partei für Bauern und Landarbeiter.

Weißt du, wo die größte Glocke der Welt ist, Maman?

Nicht am Hals einer unserer Kühe!

Sie heißt Zar Kolokol, wiegt 196 Tonnen und wurde 1735 in Moskau gegossen.

Das ist eine Glocke, die ich niemals hören werde, sagte sie.

Plötzlich stand er vom Tisch auf und ging über die nackten Dielen ins mittlere Zimmer. Er zog den Akkordeonkoffer unter dem großen Bett hervor und kam mit dem Instrument in den Armen zurück. Es gab nicht mehr genug Licht zum Lesen, doch machte er kein Licht. Stattdessen öffnete er die Tür zum Stall und betrat die Dunkelheit. Er angelte mit dem Fuß nach dem Melkschemel, den er beim Wasserhahn aufbewahrte, und setzte sich darauf. Myrtille beäugte ihn, eine andere Kuh muhte. Und im Stall, einen Meter neben der mit grünlicher Kuhscheiße gefüllten Rinne, begann er zu spielen. Die Luft, heiß von der Hitze der Tiere, die den Tag in der Sonne verbracht hatten, roch stark nach Knoblauch, denn es wächst wilder Knoblauch auf der Wiese an der alten Straße nach St. Denis, wo sie gegrast hatten. Das Instrument atmete diese Luft ein, und seine beiden Stimmen rochen danach. Er spielte eine Gavotte im Viervierteltakt. Gavotte, was von *gavot* kommt, was Bergbewohner bedeutet, was Kropf bedeutet, Kehle bedeutet, Weinen bedeutet.

Die meisten Kühe hatten sich niedergelegt. Am Anfang drehten sie den Kopf in die Richtung, aus der die Musik kam, und die Ohren derer, die am nächsten waren, richteten sich forschend auf, doch schon sehr bald merkten sie, daß die Musik nichts weiter darstellte als sich selbst, die Ohren entspannten sich, und sie legten den Kopf wieder auf die eigene Flanke oder die Schulter einer Nachbarkuh. Eine der Schwalben flog wie eine Fledermaus herum, weniger leicht zu beruhigen als die Kühe. Félix blickte, während er spielte, zu dem kleinen Fenster neben der Tür. Die Sterne waren nun nicht mehr wie Schlafsand im Augenwinkel, sondern wie silberne Nieten. Sein Kopf blieb starr, nur der Körper bewegte sich zur Musik.

Jetzt spielte er »Le Jeune Marchois«, einen klagenden Hochzeitsmarsch, den er von einem Freund in der Armee gelernt hatte, der aus Limoges kam. Zwei Finger der linken Hand, die Nägel abgebrochen, die Knöchel schmutzverkrustet, die offene Kuppe des einen von der Kälte vieler Winter geplatzt, spielten einen Stakkatorhythmus, der hoch und rauh war wie der Schrei eines Wachtelkönigs. Die rechte Hand, auf einer Höhe mit der Schulter, spielte die Melodie, die anstieg und abfiel wie eine Hügelkette, eine Kette sanfter Hügel, kleiner Kuppen, junger Brüste. Jetzt nickte sein Kopf zur Melodie, der Stiefel klopfte im Takt auf den Kopfsteinboden. Die Hochzeitsprozession kam näher, und die welligen Hügel traten zurück, es erschien eine Hecke, hinter der Frauen mit glitzernden Stolen um die Schultern immer wieder erschienen und verschwanden. Auch die Schreie des Wachtelkönigs verwandelten sich. Es waren keine Vogelrufe mehr, es war das Pfeifen der aus einem Lederbeutel entweichenden Luft, den eine Messerspitze durchbohrte. Seine beiden Finger schlugen wie Bolzenpistolen auf die Tasten. Die Prozession war im Osten emporgekommen, an seiner rechten Schulter, jetzt war sie gegen Mittag und vor seinen Augen. Jede Frau hatte ihre Stola abgenommen, und das weiße Leinen, das im Wind flatterte, streichelte die bloßen Schultern der Frau hinter ihr. Jetzt sahen die Frauen, wie sich die Prozession der Männer näherte. Das Pfeifen der Luft war keuchender Atem. Hinter den Ästen der Hecke erscheinend und wieder verschwindend, lösten sich die Frauen das Haar. Doch bald waren sie vorüber, versanken im Westen. Der keuchende Atem wurde wieder zum Schrei des Wachtelkönigs, immer ferner, aufgestört, fliehend. Die Straße hinter der Hecke war verlassen. Nebel bedeckte die Hügel.

Eine Kuh schiß, als er zu spielen aufhörte. Ein durchdringender Geruch nach wildem Knoblauch wehte zu ihm herüber. Der Walzer von »Rosalie de Bon Matin« kam ihm in den Sinn. Er spielte ihn, so laut er konnte.

Es war Louis zu verdanken, der immer noch einen Politiker unter den Tisch argumentieren kann, daß Félix anfing, regelmäßig jede Woche im Kaffeehaus von Lapraz zu spielen. Eines Abends im folgenden Winter ging Louis zu Félix, um ihn zum Kauf eines Loses für eine Lotterie zu überreden, die organisiert wurde, um Geld für die Fahrt der Dorfkinder zum nächstgelegenen Schwimmbad aufzubringen. Wer in den Bergen geboren ist, sollte schwimmen lernen! war das Motto der Kampagne.

Da komm ich also, erklärte Louis später im Kaffeehaus, und steige durch den Obstgarten zu Felos Haus hinauf. Es war schon dunkel, und ich war froh, daß ich eine Taschenlampe dabeihatte. Auf der Spitze des Hügels dachte ich, ich höre Musik. Das muß das Radio sein, sage ich mir. Mein Gehör ist nicht mehr, was es einmal war. Von dem großen Birnbaum neben dem Hof flog eine weiße Eule auf. Es gibt wohl nicht viele, die nachts diesen Weg heraufkommen, sage ich mir. Die Musik war jetzt deutlicher, und es war ein Akkordeon. Kein Radio klingt so. Der raffinierte Knabe, er hat Gesellschaft, sage ich. Näher beim Haus wollte ich meinen Ohren nicht trauen. Die Musik kam aus dem Stall! Es war Licht im Fenster, und die Musik kam aus dem Stall! Vielleicht tanzt er mit den Zigeunerinnen, vielleicht tanzt er gern mit Zigeunerinnen, und er hat Angst, sie ins Haus zu lassen, diebische Taugenichtse, die sie sind. Wer hätte gedacht, daß Félix mit Zigeunerinnen tanzen würde, wenn er nicht seines Vaters Sohn wäre? Ich habe durch das schmutzige kleine Fenster gespäht, und drinnen konnte ich die tanzenden Gestalten ausmachen. Hat keinen Sinn, hier zu klopfen, Lulu, sage ich. Also habe ich es an der Tür versucht. Sie war verschlossen. Zum Teufel mit dem Lotterielos, ich wollte einfach sehen, was da vor sich ging. Alle Türen waren verschlossen, und er war mit den Zigeunerinnen im Stall. Dann hatte ich eine Idee. Zehn zu eins, Félix schließt die Tür vom Heuboden über dem Haus nicht ab. Die Rampe in fünf Sekunden hinauf, und ich habe recht, sie ist offen. Bei jeder Falltür hatte er das Heu vorbereitet, um es am Morgen jeder Kuh hinabzugabeln. Das macht nicht jeder, er ist vorausblickend, der Félix. Die Musik kam durch die Bodenbretter, noch lauter und wilder als vorher – eine Mazurka. Ich hebe eine der Falltüren an, und auf dem kleinen Heuhaufen auf dem Bauch liegend spähe ich hinab. Da war die Kuh, die sich niedergelegt hatte, und da war

Félix, der auf einem Schemel saß, unter der einen trüben elektrischen Glühbirne, ein Akkordeon zwischen den Armen. Und was den Rest betrifft, so wollte ich meinen Augen nicht trauen. Lulu, du siehst Gespenster, habe ich mir gesagt. Félix war allein! Keine Seele sonst im Stall, er hat für die Scheißkühe gespielt! Aber spielen kann er, der Félix. Ihr solltet ihn dazu überreden, einmal seine Musik hier herunterzubringen.

***

In Philippes Hochzeitsnacht, als der Himmel schon hell wurde von der Morgendämmerung, lange nachdem Philippe Yvonne zu Bett geführt und die Eltern und Schwiegereltern nach Hause gegangen waren, da gab es einige von uns, einschließlich der Schneiderin mit den baumelnden Ohrringen, die gern lachte und die in einer Fabrik arbeitete, wo Holzgriffe für Malerpinsel hergestellt wurden, da gab es einige von uns, die noch tanzten, und Félix saß auf seinem angestammten Platz und spielte, die Mütze auf dem kahlen Kopf nach hinten geschoben, während seine schweren Arbeitsstiefel im Takt auf den Boden klopften. Wir hätten vielleicht schon früher mit dem Tanzen aufgehört, doch eine Melodie hatte zur nächsten geführt, und Félix hatte sie zusammengefügt, wie ein Rohr in das nächste, bis der Schornstein so hoch war, daß er sich in den Himmel verlor. Ein Schornstein aus Melodien, und die Füße der Frauen so müde, daß sie die Schuhe ausgezogen hatten, um barfuß zu tanzen.

Musik verlangt Gehorsam. Sie verlangt sogar von der Phantasie Gehorsam, wenn einem eine Melodie in den Sinn kommt. Man kann an nichts anderes denken. Sie ist eine Art von Tyrann. Dafür bietet sie ihre eigene Freiheit. Bei Musik können alle Körper sich ihrer selbst rühmen. Die alten können ebensogut tanzen wie die jungen. Man vergißt die Zeit. Und in jener Nacht, von jenseits des Schweigens der letzten Sterne, glaubten wir, die Bestätigung eines Ja zu hören.

»La Belle Jacqueline« noch einmal! rief die Schneiderin Félix zu. Ich liebe Musik! Mit Musik kann man alles sagen!

Mit Musik kann man nicht zu einem Rechtsanwalt sprechen, antwortete Félix.

Vielleicht haben die ja recht, die vorgeben, daß es im Himmel Harfen gibt. Vielleicht auch Flöten und Geigen. Doch bin ich sicher, daß es dort keine Akkordeons gibt, so wie ich sicher bin, daß es dort keine grüne Kuhscheiße gibt, die nach wildem Knoblauch riecht. Das Akkordeon ist für das Leben auf dieser Erde gemacht, die linke Hand gibt den Baß und die Herzschläge an, die Arme und Schultern mühen sich, Atem zu schaffen, und die rechte Hand greift nach Hoffnungen!

Schließlich hörten wir auf zu tanzen.

Komm, Caroline, komm, murmelte Félix, als er allein zur Tür ging. Es ist Zeit zu gehen.

Boris kauft Pferde

Um einen einzigen Satz zu widerlegen, ist es manchmal nötig, eine Lebensgeschichte zu erzählen.

In unserem Dorf gab es, wie zu jener Zeit in vielen Dörfern auf der Welt, einen Souvenirladen. Der Laden befand sich in einem umfunktionierten Bauernhaus, das vor vier oder fünf Generationen erbaut worden war, und lag an der Straße zu den Bergen hinauf. Man konnte dort Ski in Flaschen kaufen, Bergblumen unter Glas, mit Enzian verzierte Teller, Miniaturkuhglocken, Spinnräder aus Plastik, geschnitzte Löffel, Chamois-Leder, Schaffelle, Murmeltiere zum Aufziehen, Bockshörner, Kassetten, Landkarten von Europa, Messer mit Holzgriffen, Handschuhe, T-Shirts, Filme, Schlüsselringe, Sonnenbrillen, Butterfaßimitationen, meine Bücher.

Der Laden gehörte der Frau, die darin bediente. Sie war zu jener Zeit Anfang Vierzig. Blond, lächelnd, doch mit flehenden Augen, flehend um Gott-weiß-was, war sie drall und hatte kleine Füße mit schlanken Fesseln. Die Jugend des Dorfes nannte sie mit Spitznamen *Die Gans* – aus Gründen, die nicht zu unserer Geschichte gehören. Ihr richtiger Name war Marie-Jeanne. Früher, ehe Marie-Jeanne und ihr Mann in das Dorf kamen, gehörte das Haus Boris. Er war es, von dem sie es erbten.

Ich komme jetzt zu dem Satz, den ich widerlegen will.

Boris ist gestorben, so sagte Marc eines Sonntagmorgens und lehnte sich dabei gegen die Mauer, die sich wie der letzte Buchstabe des Alphabets durch unseren Weiler windet, Boris ist, wie eins seiner Schafe, an Vernachlässigung und Unterernährung gestorben. Was er mit seinem

Vieh gemacht hat, das ist schließlich ihm selbst zugestoßen: er ist wie eins seiner eigenen Tiere gestorben.

Boris war der dritte von vier Brüdern. Der Älteste kam im Kriege um, der Zweite durch eine Lawine, der Jüngste ist ausgewandert. Schon als Kind tat sich Boris durch seine ungeschlachte Kraft hervor. Die anderen Kinder in der Schule fürchteten sich ein wenig vor ihm, doch hänselten sie ihn zugleich. Sie hatten seine schwache Stelle entdeckt. Die meisten Jungen kannst du herausfordern, wenn du wettest, daß sie es nicht schaffen, einen Sack von siebzig Kilo zu heben. Boris hob siebzig Kilo mit Leichtigkeit. Um Boris herauszufordern, brauchtest du nur zu wetten, daß er es nicht schaffen würde, aus einem Eschenzweig eine Pfeife zu machen.

Den Sommer über, wenn der Kuckuck schon aufgehört hatte zu rufen, hatten alle Jungen Eschenpfeifen, manche hatten sogar Flöten mit acht Löchern. Du suchst dir einen kleinen, geraden Holzzweig mit dem richtigen Durchmesser, schnitzt ihn auf die richtige Länge zusammen und steckst ihn in den Mund, um ihn mit der Zunge anzufeuchten, und dann klopfst du mit dem Holzgriff des Taschenmessers das Stöckchen rundherum kräftig, aber nicht zu fest, ab. Durch dieses Klopfen wird die Rinde vom Holz getrennt, so daß du das weiße Holz herausziehen kannst, wie einen Arm aus dem Ärmel. Zuletzt schnitzt du das Mundstück und steckst es wieder in die Rinde zurück. Für den ganzen Vorgang brauchte man eine Viertelstunde.

Boris steckte den kleinen Zweig in den Mund, als wolle er den Baum des Lebens selbst verzehren. Seine Schwierigkeit bestand darin, daß er mit dem Messergriff die Rinde unweigerlich zu fest bearbeitete, so daß sie dabei beschädigt wurde. Sein ganzer Körper verkrampfte sich. Er macht den nächsten Versuch. Wieder schnitt er sich einen Ast ab, und beim Klopfen schlug er dann entweder zu fest zu oder er konzentrierte sich so sehr darauf, sich zurückzuhalten, daß sein Arm sich überhaupt nicht bewegte.

Los Boris, spiel uns ein Lied! so hänselten sie ihn.

Als sein Wachstum abgeschlossen war, hatte er ungewöhnlich große Hände, und seine blauen Augen saßen in Höhlen, die aussahen, als wären sie der Größe nach für Kalbsaugen gedacht. Es war, als ob im Moment seiner Empfängnis jede einzelne seiner Zellen die Anweisung zu ungewöhnlichem Wachstum bekommen hatte; und Wirbelsäule, Oberschenkelknochen, Schien- und Wadenbeine hatten die Stunde geschwänzt. Als Ergebnis war er von durchschnittlicher Größe, doch seine Gesichtszüge und seine oberen Extremitäten waren die eines Riesen.

Als ich vor vielen Jahren auf der Alm übernachtet hatte und am Morgen erwachte, waren alle Weiden weiß. Auf einer Höhe von 1600 Metern kann man nicht wirklich vom ersten Schnee des Jahres sprechen, weil es oftmals jeden Monat schneit, doch war dies der erste Schnee, der bis zum nächsten Jahr nicht mehr verschwinden würde, und er fiel in großen Flocken.

Gegen Mittag klopfte es an der Tür. Ich machte auf. Draußen, vom Schnee fast nicht zu unterscheiden, standen dreißig Schafe, ruhig aneinandergedrängt, den Nakken voller Schnee. Im Eingang stand Boris.

Er kam herein und ging zum Ofen, um sich aufzuwärmen. Es war einer dieser hohen Holzöfen, die wie eine Wärmesäule frei in der Mitte des Raumes stehen. Die Jacke über seinen riesigen Schultern war weiß wie ein Berg. Eine Viertelstunde lang stand er ruhig da, trank aus dem Glas mit *gnôle*, hielt die riesigen Hände über den Ofen. Der feuchte Fleck auf den Dielen um ihn herum wurde immer größer.

Schließlich fing er mit seiner schnarrenden Stimme zu sprechen an. Was für Worte er auch sagte, immer sprach aus seiner Stimme eine Art von Vernachlässigung. Sie war aus den Angeln, die Fenster waren zerbrochen, und doch war da ein Trotz drin – sie war einem Goldschürfer ähnlich, der in einer verfallenen Hütte wohnt und doch weiß, wo es Gold gibt.

Gestern nacht, sagte er, da seh' ich auf einmal, daß es schneit. Und ich wußte ja, daß meine Schafe beim Gipfel droben waren. Je weniger es zu fressen gibt, desto höher klettern sie. Ich fahr' also noch vor Morgendämmerung hier herauf und mach' mich auf den Weg. Es ist Wahnsinn, da allein raufzuklettern. Aber wer wär' schon mit mir gekommen? Ich konnte vor Schnee den Weg nicht sehen. Wenn ich den Halt unter den Füßen verloren hätte, dann wär' da aber auch gar nichts gewesen, das mich gebremst hätte, bis ich unten beim Friedhof gelandet wär'. Seit Tagesanbruch habe ich fünf Stunden lang gegen den Tod gespielt.

Seine Augen in ihren tiefen Höhlen forschten mich aus, um zu prüfen, ob ich verstanden hatte, was er sagte. Nicht seine Worte, sondern was dahinter stand. Boris gab sich gern rätselhaft. Er glaubte daran, daß Ungesagtes zu seinen Gunsten sprach. Und dennoch, trotz seiner ganzen Art, träumte er davon, verstanden zu werden.

Wie er so dastand, mit der Pfütze von geschmolzenem Schnee zu seinen Füßen, war er nicht im geringsten wie der gute Hirte, der gerade sein Leben für seine Herde aufs Spiel gesetzt hatte. Der Heilige Johannes der Täufer, der das Lamm mit Blumen bekränzte, war geradezu das Gegenteil von Boris. Boris vernachlässigte seine Schafe. Jedes Jahr schor er sie zu spät, und sie litten unter der Hitze. Jeden Sommer verabsäumte er es, ihnen die Hufe zu beschneiden, und dann lahmten sie. Sie sahen aus wie eine Herde von Bettlern in grauer Wolle, die Schafe von Boris. Wenn er an jenem Tag in den Bergen sein Leben aufs Spiel gesetzt hatte, dann nicht um ihretwillen, sondern um ihres Marktpreises willen.

Seine Eltern waren arm gewesen, und mit zwanzig hatte Boris angefangen, mit dem Geld zu prahlen, das er eines Tages machen würde. Er würde das *große* Geld machen – entsprechend den Anweisungen, die er bei seiner Empfängnis bekommen hatte und die jede Zelle seines Körpers prägten.

Auf dem Markt kaufte er Vieh, das sonst niemand gekauft hätte, und er kaufte, wenn der Tag zu Ende ging, wobei er einen Preis bot, der zwölf Stunden zuvor als lächerlich erschienen wäre. Ich sehe ihn vor mir, wie er im Khakizeug und mit einer amerikanischen Armeemütze auf dem Kopf schweigsam neben den großknochigen Tieren steht und mit einem seiner ungeheuren Daumen in ihr Fleisch kneift.

Er glaubte, er habe von der Zeit nichts zu erwarten; zu erwarten habe er nur etwas von seiner Gerissenheit. Wenn er verkaufte, nannte er nie seinen Preis. Du kannst mich gar nicht beleidigen, sagte er, nenn' mir einfach dein Angebot. Dann wartete er, und seine tiefliegenden blauen

Augen waren schon zu dem Hohngelächter bereit, mit dem er den genannten Preis entgegennehmen würde.

Er schaut mich jetzt mit demselben Gesichtsausdruck an. Ich habe dir mal erzählt, sagt er, daß ich genug Gedichte in meinem Kopf habe, um ein ganzes Buch damit zu füllen, weißt du noch? Und jetzt sitzt du daran, die Geschichte meines Lebens zu schreiben. Das kannst du, weil es zu Ende ist. Als ich noch am Leben war, was hast du denn da getan? Einmal hast du mir eine Schachtel Zigaretten gebracht, derweil ich die Schafe droben über der Fabrik weiden ließ.

Ich sage nichts. Ich schreibe weiter.

Der Senior aller Viehhändler hat einmal zu mir gesagt: Ein Bock wie Boris ist nur als Schlachtvieh zu genießen.

Boris' Plan war einfach: mager kaufen und fett verkaufen. Was er manchmal unterschätzte, war die Arbeit und die Zeit, die zwischen beidem lag. Es war sein Wille, daß die mageren Tiere fett wurden, doch ihr Fleisch, anders als das seine, gehorchte nicht immer seinem Willen. Und ihre Körper hatten im Moment ihrer Empfängnis auch nicht die gleichen Anweisungen bekommen. Wo immer ein Stück Gemeindeland war, ließ er seine Schafe weiden, und oft auch auf Flächen, die kein Gemeindeland waren. Im Winter blieb ihm häufig nichts anderes übrig, als Heu zu kaufen, und er versprach, im Frühjahr mit Lämmern dafür zu bezahlen. Er bezahlte nie. Und doch überlebte er. Und seine Herde wurde größer: in seiner Blütezeit gehörten ihm einhundertfünfzig Schafe. Er fuhr einen alten Landrover, den er aus einer Schlucht herausgeholt hatte. Und er hatte einen Schäfer, den er aus einer Trinkerheilanstalt herausgeholt hatte. Niemand traute Boris, niemand widerstand ihm.

Die Geschichte seines Aufstrebens verbreitete sich rasch. Wie auch die Geschichten seiner Vernachlässigungen – seiner unbezahlten Schulden, seiner Schafe, die auf Flächen weideten, die anderen Leuten gehörten. Sie galten als eine Geißel, die Schafe von Boris, als wären sie eine Rotte von Wildschweinen. Und wie des Teufels eigenes Vieh zog die Herde oft los und kam des Abends von allein zurück.

In der Republikanischen Leier, dem Kaffeehaus gegenüber der Kirche, hatte Boris auch manchmal etwas von einem Teufel an sich. Er stand an der Theke – niemals saß er –, umringt von jungen Leuten aus den Dörfern der Umgebung: den jungen Leuten, die sich Unternehmungen ausmalten, die den Horizont ihrer vorsichtigen, doch verschlagenen Eltern überstiegen, den jungen Leuten, die von Freizeit und von fremden Frauen träumten.

Ihr müßt nach Kanada gehen, waren Boris' Reden, da liegt die Zukunft. Wenn du hier irgend etwas Eigenes auf die Beine stellst, dann mißtraut man dir sofort. Kanada ist groß, und wenn du etwas Großes hast, dann hast du auch etwas Großzügiges!

Er zahlte für seine Runde mit einem Fünfzigtausend-Franc-Schein, indem er ihn auf die Theke schob und sein Messer mit dem Holzgriff darauflegte, damit er nicht weggeweht wurde.

Hier, so fuhr er fort, wird dir nie irgend etwas vergeben. Jedenfalls nicht im Diesseits. Und was die andere Seite betrifft, das überläßt man dem *curé*. Habt ihr hier je einen vor Vergnügen lachen sehen?

Und wie auf sein, des Teufels, Geheiß, öffnete sich in diesem Moment die Tür des Kaffeehauses, und herein trat ein Paar: die Frau brüllte vor Lachen. Sie waren Fremde, beide. Der Mann trug einen Freizeitanzug und spitze Schuhe, und die Frau, die, wie ihr Begleiter, etwa dreißig war, hatte blondes Haar und trug einen Pelzmantel. Einer der jungen Männer schaute aus dem Fenster und sah ihren Wagen, der gegenüber geparkt war. Er hatte ein Lyoner Nummernschild. Boris starrte die beiden an. Der Mann sagte etwas, und die Frau lachte wieder. Ihr Lachen war wie eine Verheißung. Auf was? mag man fragen. Auf etwas Großes, auf das Unbekannte, eine Art von Kanada.

Kennst du sie?

Boris schüttelte den Kopf. Kurz darauf steckte er sein Messer in die Tasche, hielt der Wirtin den Fünfzigtausend-Franc-Schein hin, bestand darauf, auch für die beiden Tassen Kaffee zu zahlen, die das Paar aus Lyon trank, und ging fort, ohne auch noch einmal zu ihnen oder irgend jemand anderem hinzuschauen.

Als die Fremden aufstanden, um zu bezahlen, sagte die Wirtin schlicht: Das ist schon erledigt.

Von wem?

Von dem Mann, der vor fünf Minuten gegangen ist.

Dem im Khakizeug? fragte die Blonde. Die Wirtin nickte.

Wir suchen ein Haus, das wir mieten können, möbliert, wenn es geht, sagte der Mann. Wissen Sie zufällig, ob es so etwas hier im Dorf gibt?

Für eine Woche oder einen Monat? erkundigte sich die Wirtin.

Nein, das ganze Jahr über.

Sie wollen hierher ziehen? fragte einer der jungen Burschen ungläubig.

Mein Mann arbeitet in A..., erläuterte die Blonde. Er ist Fahrlehrer.

* * *

Das Paar fand ein Haus. Und eines Morgens, am Dienstag vor Ostern, fuhr Boris in seinem Landrover vor und hämmerte an die Tür. Die Blonde, die noch ihren Morgenrock anhatte, öffnete.

Ich habe ein Geschenk für euch beide, sagte er.

So ein Pech, mein Mann ist gerade zur Arbeit gegangen.

Weiß ich. Ich habe beobachtet, wie er fortging. Warten Sie!

Er öffnete die Hinterklappe des Landrovers und kehrte mit einem Lamm auf den Armen wieder.

Das ist das Geschenk.

Schläft es?

Nein, es ist geschlachtet.

Die Blonde warf den Kopf in den Nacken und lachte. Was sollen wir mit einem geschlachteten Lamm? seufzte sie und wischte sich den Mund mit dem Ärmel ab.

Es braten!

Da ist ja noch die Wolle dran. Wir wissen nicht, wie man so was macht, und Gérard erträgt den Anblick von Blut nicht.

Ich werde es euch zubereiten.

Sie waren es, der uns den Kaffee ausgegeben hat, nicht wahr?

Boris zuckte die Achseln. Er hielt das Lamm an den Hinterbeinen, das Maul hing wenige Zentimeter über dem Boden. Die Frau trug Pantoffeln aus künstlichem Leopardenfell.

Also, dann kommen Sie schon herein, sagte sie.

All das geschah unter den Augen der Nachbarn.

Die Hinterbeine des Lammes waren zusammengebunden, und es hing wie ein Jackett an der Küchentür. Als er angekommen war, hatte die Blonde Kaffee getrunken, aus einem Becher, der noch auf dem Tisch stand. In der Küche war der Geruch von Kaffee, von Waschpulver und von ihr. Sie hatte den Geruch eines drallen, rundlichen Körpers, ohne einen Hauch des Geruchs von Arbeit. Arbeit hat den Geruch von Essig. Er streckte eine Hand nach ihrer Hüfte aus, als sie zwischen Tisch und Ofen hindurchging. Wieder lachte sie, diesmal ruhig. Später sollte er sich erinnern an diesen Morgen, an dem er das erste Mal in ihrer Küche war, wie an etwas, das er geschluckt hatte, wie wenn seine Zunge niemals den Geschmack ihres Mundes vergessen hätte, als sie sich das erste Mal zu ihm hinabbeugte, um ihn zu küssen.

Jedesmal, wenn er sie besuchte, brachte er ihr ein Geschenk mit; das Lamm war nur das erste gewesen. Einmal kam er mit Traktor und Anhänger, und auf dem Anhänger stand ein Büfett. Er verheimlichte seine Besuche nie. Er machte sie bei hellichtem Tage vor den Augen seiner Nachbarn, die bemerkten, daß die Blonde jedesmal nach etwa einer halben Stunde die Läden des Schlafzimmerfensters schloß.

Und wenn eines Tages ihr Mann unerwartet nach Hause kommt? fragte einer der Nachbarn.

Gott behüte! Boris wäre imstande, ihn hochzuheben und über das Dach zu werfen.

Aber er muß doch irgendeinen Verdacht haben?

Wer?

Der Mann.

Man sieht, daß du nie in einer Großstadt gelebt hast.

Warum sagst du das?

Der Mann weiß Bescheid. Wenn du in einer Großstadt gelebt hättest, dann wüßtest du, daß der Mann Bescheid weiß.

Warum spricht er dann nicht mal ein Machtwort, er kann doch nicht so feige sein?

Eines Tages wird der Mann zu einer Zeit zurückkehren, die er mit seiner Frau ausgemacht hat, und Boris wird noch da sein, und der Mann wird sagen: Was wollen Sie als Aperitif, einen Pastis?

Und er wird Gift hineintun?

Nein, schwarzen Pfeffer! Um ihn noch schärfer zu machen.

* * *

Mit fünfundzwanzig Jahren war Boris verheiratet gewesen. Seine Frau verließ ihn nach einem Monat. Sie wurden später geschieden. Seine Frau, die nicht aus dem Tal war, hat ihm nie irgend etwas vorgeworfen. Sie sagte einfach ganz ruhig, daß sie mit ihm nicht leben könne. Und einmal fügte sie hinzu: eine andere Frau könnte es vielleicht.

Die Blonde gab Boris den Spitznamen Buckelchen.

Mein Rücken ist genauso gerade wie deiner.

Ich habe nicht gesagt, daß er das nicht ist.

Warum nennst du mich dann ...

Weil ich dich gern so nenne.

Buckelchen, sagte sie eines Tages, fährst du Ski?

Wann hätte ich denn das lernen sollen?

Du kaufst die Ski, und ich bringe es dir bei.

Ich bin zu alt, um damit noch anzufangen, sagte er.

Du bist ein Meister im Bett, du könntest ein Meister auf den Brettern sein!

Er zog sie an sich und legte ihr seine riesige Hand auf Gesicht und Mund.

Auch daran sollte er sich später erinnern, wenn er über ihrer beider Leben nachdachte und die Unterschiede zwischen ihnen beiden.

Einmal brachte er, als er zu ihrem Haus kam, auf der Schulter eine Waschmaschine mit. Ein anderes Mal kam er mit einem Wandbehang von der Größe eines Teppichs, auf dem in hellen Samtfarben zwei Pferde in einer Gebirgslandschaft abgebildet waren.

Zu der Zeit besaß Boris zwei Pferde. Er hatte sich von einem Moment auf den anderen entschlossen, sie zu kaufen, weil ihr Anblick ihm gefiel und weil er ihren Preis kräftig gedrückt hatte. Im Frühling mußte ich ihm ein drittes Pferd liefern. Es war früh am Morgen, und der Schnee war in der Woche zuvor geschmolzen. Er lag schlafend im Bett, und ich weckte ihn auf. Über seinem Bett waren eine Madonna und eine Photographie der Blonden. Wir nahmen einen Ballen Heu und gingen hinaus aufs Feld. Dort ließ ich die Stute laufen. Den langen Winter über im engen Stall eingepfercht, sprang und galoppierte sie jetzt zwischen den Bäumen einher. Boris blickte ihr nach, die riesigen Hände offen, die Augen starr. Ach, Freiheit! sagte er. Er sagte es weder flüsternd noch brüllend. Er sprach es einfach aus, als sei es der Name des Pferdes.

Die Blonde hängte die Tapisserie im Schlafzimmer an die Wand. Eines Sonntagnachmittags, als Gérard auf dem Bett lag und Fernsehen schaute, nickte er in Richtung der Tapisserie, wo die Mähnen der Pferde vom Wind gekämmt wurden wie von einem Friseur und das Fell der Pferde glänzte wie polierte Schuhe und der Schnee zwischen den Kiefern so weiß war wie ein Hochzeitskleid, und er sagte:

Es ist das einzige von seinen Geschenken, auf das ich verzichten kann.

Ich mag Pferde, sagte sie.

Pferde! Er gab einen wiehernden Ton von sich.

Es ist dein Problem, wenn du vor Pferden Angst hast.

Pferde! Das einzige, was sich über ein Bild sagen läßt – und es ist ein Bild, auch wenn es aus Baumwolle gemacht ist –

Aus Samt!

– ist doch's selbe, also das einzige, was sich über das Bild da sagen läßt – ist, daß auf einem Bild Pferde nicht scheißen.

In deinem Kopf ist doch alles Scheiße, sagte sie.

Hast du mit ihm schon über das Haus gesprochen? fragte Gérard.

Ich spreche mit ihm, wenn ich es für richtig halte.

Ihn Buckelchen zu nennen ist nicht schlecht!

Sie schaltete den Fernsehapparat aus.

Ich nenne ihn, wie es mir gefällt, Gérard. Er ist meine Angelegenheit.

* * *

Wie schwer es zu verhindern ist, daß bestimmte Geschichten zur Illustration einer billigen moralischen Lehre werden! Als wenn alles so geradlinig abliefe, als wenn das Leben sich nicht wie ein Lappen um die schärfste Klinge legte!

Eines Mittags im darauffolgenden Juni kam Boris schweißbedeckt zum Haus der Blonden. Sein Gesicht sah aus, als hätte er gerade den Kopf in einen Wassertrog getaucht, die Hakennase und die Backenknochen waren wie Blasen. Er trat in die Küche und küßte sie, wie er es gewöhnlich tat, doch diesmal, ohne ein Wort zu sagen. Dann ging er zum Spülbecken und hielt den Kopf unter den Hahn. Sie bot ihm ein Handtuch an, das er ablehnte. Das Wasser lief ihm aus dem Haar den Hals hinunter ins Hemd hinein. Sie fragte ihn, ob er essen wolle; er nickte. Überall, wohin sie ging, folgte er ihr mit den Augen, nicht sentimental wie ein Hund, nicht argwöhnisch, sondern wie aus großer Ferne.

Bist du krank? fragte sie ihn unvermittelt, als sie ihm den Teller auf den Tisch stellte.

Ich bin noch nie krank gewesen.

Also, was ist dann los?

Als Antwort zog er sie an sich und preßte seinen Kopf, der noch immer naß war, an ihre Brust. Der Schmerz, den sie empfand, war nicht in der Brust, sondern in der Wirbelsäule. Dennoch wehrte sie sich nicht; sie legte ihm die rundliche weiße Hand auf den harten Kopf. Wie lange stand sie da vor seinem Stuhl? Wie lange war sein Gesicht an ihre Brust geschmiegt wie eine Pistole in ihrem samtgefütterten Kasten? In der Nacht, als Boris auf dem Boden ausgestreckt bei seinen drei schwarzen Hunden einsam starb, da kam es ihm vor, als wäre sein Gesicht an ihre Brust geschmiegt gewesen, seit er sie das erste Mal erblickt hatte.

Dann wollte er nicht essen, was auf seinem Teller war.

Los, Buckel, zieh dir die Schuhe aus und wir gehen ins Bett.

Er schüttelte den Kopf.

Was ist los mit dir? Du sitzt da, du sagst nichts, du ißt nichts, du tust nichts, du taugst zu gar nichts!

Er stand auf und ging zur Tür. Jetzt erst bemerkte sie, daß er humpelte.

Was ist mit deinem Fuß los?

Er antwortete nicht.

Um Himmels willen, hast du dir den Fuß verletzt?

Er ist gebrochen.

Wie?

Ich habe mich auf dem Hang oberhalb des Hauses mit dem Traktor überschlagen. Es hat mich heruntergeschleudert, und der Kotflügel hat mir den Fuß zerschmettert.

Hast du den Arzt gerufen?

Ich bin hierher gekommen.

Wo ist der Jeep?

Kann nicht fahren, das Fußgelenk ist steif.

Sie fing an, ihm die Stiefel aufzuschnüren. Sie begann mit dem unverletzten Fuß. Er sagte nichts. Mit dem zweiten Stiefel war es etwas anderes. Sein ganzer Körper verkrampfte sich, als sie anfing, die Schnürbänder aufzubinden. Der Strumpf war blutgetränkt, und der Fuß war zu sehr geschwollen, um den Stiefel abzunehmen.

Sie biß sich auf die Lippen und versuchte, den Stiefel weiter zu öffnen.

Du bist bis hierher gegangen! rief sie aus.

Er nickte.

Zu seinen Füßen auf dem Küchenboden sitzend, mit kraftlos herabhängenden Händen, fing sie an zu schluchzen.

Sein Fuß hatte elf Brüche. Der Arzt weigerte sich zu glauben, daß er die vier Kilometer von seinem Hof zu der

Blonden gegangen war. Er sagte kategorisch, das sei unmöglich. Die Blonde hatte Boris zur Ambulanz hinabgefahren, und sie sei, so der Arzt, den ganzen Morgen in Boris' Haus gewesen, wolle es aber aus irgendeinem Grunde nicht zugeben. Und deshalb, so der Arzt, hätten die beiden die unglaubliche Geschichte erfunden, daß er vier Kilometer weit gegangen sei. Der Arzt hatte jedoch nicht recht. Von den vielen Besuchen, die Boris bei der Blonden gemacht hatte, war dies der einzige, den sie Gérard gegenüber niemals erwähnte. Und als sie später die Nachricht von Boris' Tod hörte, fragte sie unvermittelt und überraschend, ob er Stiefel getragen habe, als man ihn fand.

Nein, war die Antwort, er war barfuß.

Boris hatte in seiner Jugend drei Häuser geerbt, doch waren alle, nach städtischen Maßstäben, in einem erbarmungswürdigen Zustand. In dem Haus mit der größten Scheune wohnte er selbst. Es gab Strom, aber kein Wasser. Das Haus lag unterhalb der Straße, und wer dort vorbeiging, konnte in den Schornstein hinabsehen. Es war dieses Haus, in dem die drei schwarzen Hunde die ganze Nacht heulten, als er starb.

Das zweite Haus, dasjenige, das er immer das Mutterhaus nannte, lag am günstigsten von den dreien, und er hatte langfristig den Plan, es an jemanden aus Paris zu verkaufen – wenn der Tag und der Jemand aus Paris einmal käme.

Im dritten Haus, das nicht mehr als eine Hütte am Fuß des Berges war, schlief Edmond, der Schäfer, wenn Gelegenheit dazu war. Edmond war ein hagerer Mann mit den

Augen eines Einsiedlers. Die Erfahrung hatte ihn glauben gelehrt, daß nahezu alles, was auf zwei Beinen ging, zu einer Spezies namens Mißverständnis gehörte. Er bekam von Boris keinen regelmäßigen Lohn, doch gelegentlich Geschenke und seinen Lebensunterhalt.

Eines Frühlingsabends ging Boris zu dem Haus unterhalb des Berges hinauf, und er trug einen Käse und eine geräucherte Speckseite bei sich.

Du bist ja jetzt nicht besonders oft zu Hause! so begrüßte ihn Edmond.

Warum sagst du das?

Ich hab' ja schließlich Augen im Kopf. Mir entgeht es nicht, wenn der Landrover vorüberfährt.

Und du weißt, wohin ich fahre?

Edmond erachtete die Frage einer Antwort für unwürdig, er fixierte Boris einfach mit seinen nichtsnutzigen Augen.

Ich würde sie gern heiraten, sagte Boris.

Kannst du aber nicht, sagte Edmond.

Sie würde schon wollen.

Bist du sicher?

Boris antwortete, indem er sich mit der rechten Faust gegen die offene linke Hand schlug. Edmond sagte nichts.

Wie viele Lämmer? fragte Boris.

Dreiunddreißig. Sie ist aus der Stadt, nicht wahr?

Ihr Vater ist Schlachter in Lyon.

Warum hat sie keine Kinder?

Nicht jeder Bock hat Eier, das solltest du doch wissen. Sie wird ein Kind von mir haben.

Wie lange bist du denn schon mit ihr zusammen?

Achtzehn Monate.

Edmond hob die Augenbrauen. Stadtfrauen sind etwas

anderes, sagte er, und ich muß es ja schließlich wissen. Ich habe genug gesehen. Die sind anders gebaut. Die haben andere Scheiße, die haben anderes Blut. Sie haben auch einen anderen Geruch. Die riechen nicht nach Stall und Hühnerfutter, die riechen nach etwas anderem. Und dieses Andere ist gefährlich. Sie haben vollkommene Wimpern, sie haben unverkratzte Beine ohne Krampfadern, sie haben Schuhe mit Sohlen so dünn wie Pfannkuchen, sie haben Hände so weiß und glatt wie geschälte Kartoffeln, und wenn du ihren Geruch riechst, dann erfüllt er dich mit einer gottverlassenen Sehnsucht. Du willst sie bis zur Neige einatmen, du willst sie ausquetschen wie Zitronen, bis weder Tropfen noch Kern übrig ist. Und soll ich dir sagen, wonach sie riechen? Ihr Geruch ist der Geruch von Geld. Sie kalkulieren alles nach Geld. Sie sind nicht so gebaut wie unsere Mütter, diese Frauen.

Du kannst meine Mutter aus dem Spiel lassen.

Sieh dich vor, sagte Edmond, deine Blondine, die bringt dich noch um alles. Und dann wirft sie dich weg, wie ein gerupftes Huhn.

Mit einem langsamen Boxhieb ins Gesicht schlug Boris den Schäfer nieder. Alle viere von sich gestreckt lag er am Boden.

Nichts rührte sich. Der Hund leckte Edmond die Stirn.

Nur jemand, der ein Schlachtfeld gesehen hat, kann sich die vollkommene Gleichgültigkeit der Sterne über dem Schäfer vorstellen, der alle viere von sich gestreckt am Boden lag. Es ist diese Gleichgültigkeit, angesichts derer wir Liebe suchen.

Morgen gehe ich ihr ein Tuch kaufen, flüsterte Boris und machte sich, ohne einen Blick zurückzuwerfen, auf den Heimweg ins Dorf.

Am nächsten Morgen kam die Polizei und ermahnte ihn, daß seine Schafe eine Gefahr für die Öffentlichkeit darstellten, denn sie behinderten den Verkehr auf der Schnellstraße. Edmond, der Schäfer, war verschwunden, und er tauchte erst nach Boris' Tod wieder auf.

Der Monat August war für Boris der Monat seines Triumphes. Oder ist Ruhm ein besserer Ausdruck? Denn er war zu glücklich, zu selbstversunken, um sich als Sieger zu sehen, der über andere triumphiert hatte. Es war ihm klargeworden, daß die Anweisungen, die ihn im Moment seiner Empfängnis geprägt hatten, nicht nur die Größe seiner Knochen, die Dicke seines Schädels oder seine Willenskraft umfaßten. Es war ihm vorausbestimmt, im Alter von vierzig Jahren Anerkennung zu finden.

Das Heu war eingebracht, seine Scheune war voll, seine Schafe weideten hoch in den Bergen ohne einen Schäfer, doch Gott würde sie behüten, und er saß jeden Abend mit Blick zum Dorfplatz hinüber auf der Terrasse der Republikanischen Leier. Die Blonde war bei ihm, in einem Sommerkleid mit bloßen Schultern, die Füße in hochhackigen Silbersandalen, und bis zum Anbruch der Nacht waren die beiden das Farbfernsehbild des Dorfes.

Frag an allen Tischen, was sie trinken wollen, sagte er und lehnte sich in seinem Stuhl zurück, und wenn sie wissen wollen, was los ist, dann sag ihnen, Boris kauft Pferde!

Buckel, nicht jeden Abend, das kannst du dir nicht leisten!

Jeden Abend! Ich habe dicke Eier.

Er legte eine seiner ungeheuren Hände auf das Dekolleté ihres roten, gepunkteten Kleides.

Das mit den Pferden, das stimmt, sagte er, ich werde Pferde züchten – für dich! Reitpferde werde ich züchten, und die verkaufen wir an die Idioten, die das Wochenende über hierher kommen.

Was soll ich mit Pferden? fragte sie, ich kann nicht reiten.

Wenn du ein Kind von mir hast ...

Ja, Buckel.

Ich werde dem Kind das Reiten beibringen, sagte er. Unser Kind wird so aussehen wie du und so stolz sein wie ich.

Dieses Wort hatte er noch nie benutzt, wenn er von sich selbst sprach.

Wenn wir ein Kind haben, wisperte sie, dann ist das Haus, wo wir jetzt wohnen, zu klein. Wir müßten mindestens noch ein Zimmer haben.

Und wie viele Monate bleiben uns noch, um die Hausfrage zu klären? fragte Boris mit der Verschlagenheit des Viehhändlers.

Ich weiß nicht, Buckel, vielleicht acht.

Eine Flasche Champagner, brüllte Boris, gieß jedem ein Glas ein.

Kaufst du immer noch Pferde? fragte Marc – mit seiner Pfeife und dem blauen Overall ist er der Skeptiker der Republikanischen Leier, der seit Ewigkeiten Belehrungen über die Idiotie der Welt von sich gibt.

Das geht dich nichts an, gab Boris zurück. Ich gebe dir einen aus.

Ich werde einen Schwips kriegen, sagte die Blonde.

Ich hol' dir ein paar Nüsse.

Auf der Theke der Republikanischen Leier steht ein Automat, aus dem, wenn man einen Franc hineinsteckt, eine

Kinderhandvoll Erdnüsse herauskommt. Boris fütterte den Automaten mit einer Münze nach der anderen und verlangte nach einem Suppenteller.

Als die Männer, die an der Bar standen, ihre Champagnergläser erhoben und Boris zunickten, ließ ein jeder auch die Blonde hochleben: und ein jeder versetzte sich an Boris' Stelle, einige voller Neid, und alle mit jener seltsamen Sehnsucht, die sich bei jedem an ein Leben knüpft, von dem er weiß, daß er es niemals leben wird.

Neben Marc stand Jean, der einmal ein Fernfahrer gewesen war. Nun hielt er mit seiner Frau Kaninchen und war siebzig. Jean war gerade mitten in einer Geschichte.

Der Guy, der ist so besoffen gewesen, daß er gar nicht mehr wußte, was Sache war, sagte Jean; dann ist Guy umgefallen und lag flach am Boden, als wenn er tot wäre. Jean hielt inne und sah die Umstehenden an der Bar an, um die Situation wirken zu lassen. Was sollten wir denn mit ihm machen? Und da hatte Patrick dann diesen Einfall. Bringt ihn zu mir nach Hause, sagt Patrick. Und dann haben sie Guy in den Wagen gesteckt und zu Patrick hinaufgefahren. Bringt ihn hier herein, legt ihn auf die Werkbank, sagt Patrick. Jetzt zieht ihm die Hose aus.

Die Blonde steckte Boris ein paar Nüsse in den Mund.

Du tust ihm doch nichts? Los, zieht ihm die Hose aus, sage ich. Jetzt die Strümpfe. Da lag er also auf der Werkbank, so nackt wie wir alle einmal sein werden, wenn der große Feiertag anbricht. Was nun? Er hat sich das Bein gebrochen, verkündet Patrick. Sei nicht albern. Er soll glauben, daß er sich das Bein gebrochen hat, erklärt Patrick. Wie soll er das denn glauben? Wartet nur ab. Patrick rührt also eine Wanne voll Gips an und gipst Guy fachmännisch, wie bei Patrick nicht anders zu erwarten, das

Bein ein, vom Fußgelenk bis halb den Oberschenkel rauf. Jean hielt inne, um seine Zuhörer anzuschauen. Auf dem Heimweg ist Guy dann im Auto zu sich gekommen. Nimm's nicht so tragisch, Kumpel, sagt Patrick, du hast dir das Bein gebrochen, aber es ist nicht so schlimm, wir haben dich ins Krankenhaus gebracht, und die haben den Gipsverband gemacht und gesagt, nach einer Woche könntest du ihn abnehmen, der Bruch wäre nicht so schlimm. Guy guckt auf sein Bein runter, und die Tränen laufen ihm über die Backen. Was bin ich doch für ein Arschloch! wiederholte er immer wieder. Was bin ich doch für ein Arschloch!

Und was ist dann passiert? fragte Marc.

Er ist eine Woche nicht auf der Arbeit gewesen, hat Fernsehen geguckt und das Bein auf einen Stuhl hochgelegt.

Die Blonde fing an zu lachen, und Boris drückte ihr den Handrücken an die Kehle – aus Angst, daß die Handfläche zu schwielig war – , und dort spürte er, wie das Lachen, das zwischen ihren Hüften begann, zu ihrem Mund emporquoll. Systematisch rieb er den Rücken seiner riesigen Hand an der Kehle der Blonden hinauf und hinunter. Jean, der Lastwagenfahrer, der jetzt Kaninchen hielt, sah ihm dabei fasziniert zu, als wäre das noch unglaublicher als die Geschichte, die er gerade erzählt hatte.

Ich konnte es einfach nicht glauben, erzählte er später am Abend den Stammgästen der Republikanischen Leier: da war also Boris, da drüben, der Holzkopf Boris, und streichelt die Blondine, als wär' sie ein Eichhörnchen auf Hinterpfoten, und füttert sie mit Nüssen von einem Suppenteller. Und was glaubst du, macht er, als der Ehemann hereinkommt? Er steht auf, streckt dem Mann die Hand hin und verkündet: Was wollen Sie trinken? Einen Weißwein mit Cassis? Ich geh' mit ihr zum Tanz heut' abend, sagt Boris. Wir werden nicht vor morgen früh zurück sein.

Der Tanz war im nächsten Dorf. Die ganze Nacht kam es Boris so vor, als folge die ganze Erde dem Pflug seiner Willenskraft. Einmal hörten sie auf zu tanzen, um etwas zu trinken. Er Bier und sie Limonade.

Ich werde dir das Mutterhaus geben, sagte er.

Warum nennst du es so?

Meine Mutter hat es von meinem Vater geerbt.

Und wenn du es einmal verkaufen willst?

Wie kann ich es verkaufen, wenn ich es dir gegeben habe?

Das wird Gérard niemals glauben.

Das mit unserem Kind?

Nein, das mit dem Haus, er wird sich weigern einzuziehen, wenn es nicht ganz sicher ist.

Verlaß Gérard! Komm und leb mit mir.

Nein, Buckel, ich bin nicht dazu geschaffen, Hühnerfutter anzurühren.

Und wieder preßte er als Antwort seinen massiven Kopf gegen ihre Brust. Sein Gesicht barg sich an ihrer Brust wie eine Pistole in ihrem samtgefütterten Kasten. Wie lange vergrub er das Gesicht dort? Als er es erhob, sagte er: Ich werde dir das Haus formell übergeben, ich geh' zum Notar, und es wird dir gehören, dir, nicht ihm, und dann wird es an unser Kind gehen. Möchtest du wieder tanzen?

Ja, mein Geliebter.

Sie tanzten, bis das weiße Kleid mit den roten Punkten fleckig war von ihrem und seinem Schweiß, bis es keine Musik mehr gab, bis ihr blondes Haar nach seinen Schafen roch.

Noch Jahre später fragten die Leute: wie ist es möglich gewesen, daß Boris, der niemals in seinem Leben irgend etwas weggegeben hat, daß Boris, der es fertigbrachte, seine eigene Großmutter zu betrügen, daß Boris, der niemals Wort hielt, wie ist es dazu gekommen, daß er der Blonden das Haus gegeben hat? Und die Antwort, die eine Bestätigung des Geheimnisses war, lautete immer gleich: Leidenschaft ist eben Leidenschaft.

Die Frauen fragten nicht so. Für sie lag es auf der Hand, daß sich – im richtigen Moment und unter den richtigen Umständen – jeder Mann führen läßt. Da gab es kein Geheimnis. Vielleicht war das der Grund, weshalb die Frauen ein wenig mehr Mitleid mit Boris hatten als die Männer.

Was Boris betrifft, so fragte er sich niemals: Warum habe ich ihr das Haus gegeben? Niemals bereute er seinen Entschluß, obwohl – und hier haben alle Kommentatoren recht – er anders als alle Entschlüsse war, die er je zuvor getroffen hatte. Er bereute nichts. Reuegefühle zwingen einen, die Vergangenheit noch einmal zu durchleben, und er – er wartete, bis zum Ende.

Die Blumen, die in den Bergen wuchsen, hatten leuchtendere, intensivere Farben als dieselben Blumen, wenn sie im Flachland wuchsen; ein ähnliches Prinzip galt auch für Gewitter. Der Blitz in den Bergen gabelte sich nicht einfach, er tanzte im Kreise; der Donner knallte nicht einfach, er hallte wider. Und manchmal hallte der Widerhall immer noch wider, als schon der nächste Knall kam, so daß das Getöse nicht abriß. Das alles war auf die Metallablagerungen in den Felsen zurückzuführen. Während eines Gewitters fragte sich noch der hartgesottenste Schäfer:

Was in Gottes Namen habe ich nur hier oben verloren? Und am nächsten Morgen, wenn es hell wurde, fand er dann wohl Zeichen der Heimsuchungen, deren er in der vergangenen Nacht glücklicherweise kaum ansichtig geworden war: Löcher in der Erde, verbranntes Gras, rauchende Bäume, totes Vieh. Am Ende des Monats August gab es ein solches Gewitter.

Ein Teil von Boris' Schafen weidete gerade unterhalb des Felsens des Heiligen Antonius auf den fernen Hängen, die nach Osten liegen. Wenn Schafe sich fürchten, klettern sie aufwärts, blicken sie aufwärts zum Himmel nach Rettung; und so stiegen Boris' Schafe bis zum Geröll am Felsen hinan, und dort drängten sie sich unter dem Regen zusammen. Sechzig Schafe, jedes den triefenden Kopf auf dem ölig triefenden Rumpf oder Nacken des Nachbarn. Als der Blitz den Berg erleuchtete – und alles wirkte so deutlich und nahe, daß der Moment endlos schien –, sahen die sechzig Schafe wie ein einziger, riesiger Schaffellmantel aus. Es gab sogar zwei Ärmel, die aus je einem halben Dutzend Schafen bestanden, welche in zwei enge, grasbewachsene Einschnitte zwischen den ansteigenden Felsen eingepfercht waren. Aus dem riesigen Mantel lugten hundert oder mehr Augen furchtsam hervor und leuchteten bei jedem Blitz, der herabzuckte, wie braune Kohle auf. Sie waren zu Recht erschrocken. Das Zentrum des Gewitters kam näher. Der nächste gegabelte Blitz traf den Mantel ins Herz, und die gesamte Herde wurde erschlagen. Die meisten Schafe hatten gebrochene Kiefer und Vorderläufe, gebrochen von der Wucht der elektrischen Entladung, die vom Kopf aufgefangen und durch die dünnen, knochigen Beine geerdet wurde.

In einer einzigen Nacht verlor Boris drei Millionen.

Ich war es, der sechsunddreißig Stunden später als erster die am Himmel kreisenden Krähen bemerkte. Etwas Totes war da, doch ich wußte nicht, was. Jemand erzählte es Boris, und am nächsten Tag ging er zum Felsen des Heiligen Antonius hinauf. Dort fand er den riesigen Schaffellmantel, weggeworfen, kalt, von Fliegen bedeckt. Die nächste Straße war zu weit entfernt. Alles, was er tun konnte, war, die Kadaver an Ort und Stelle zu verbrennen.

Er holte Benzin und Dieselöl und begann, einen Scheiterhaufen zu errichten, wobei er die Kadaver aus den beiden Ärmeln heranschleppte und sie aufeinanderwarf. Er entfachte das Feuer mit einem alten Reifen. Dichter Rauch erhob sich über dem Gipfel, und mit ihm der Geruch von verbranntem tierischen Fleisch. Es braucht sehr wenig, um einen Berg in einen Winkel der Hölle zu verwandeln. Hin und wieder tröstete sich Boris damit, daß er an die Blonde dachte. Nachher würde er wieder mit ihr lachen. Nachher würde er sein Gesicht an sie pressen und das Schändliche dieser Szene vergessen. Doch mehr noch als dieses Versprechen, das er sich selber gab, war es die schlichte Tatsache ihrer Existenz, die ihm wieder Mut machte.

Inzwischen wußte jeder im Dorf, was mit Boris' Schafen passiert war. Niemand gab Boris direkt die Schuld – wie auch? Und dennoch gab es welche, die andeuteten, daß ein Mann nicht so viele Schafe auf einmal verlieren könne, wenn er es nicht auch auf irgendeine Weise verdient habe. Boris vernachlässigte sein Vieh. Boris bezahlte seine Schulden nicht. Boris hatte etwas mit einer verheirateten Frau. Die Vorsehung verpaßte ihm eine Mahnung.

Man erzählt sich, daß Boris seine Schafe verbrennt, sagte die Blonde, man kann den Rauch über dem Berg sehen.

Warum gehen wir nicht hin und sehen uns das an? schlug Gérard vor.

Sie erklärte, sie habe Kopfschmerzen.

Komm schon, sagte er, es ist Sonntagnachmittag, und in der Bergluft wirst du schon wieder einen klaren Kopf bekommen. Ich habe noch nie gesehen, wie ein Mann sechzig Schafe verbrennt.

Ich will nicht hingehen.

Was ist los?

Ich mache mir Sorgen.

Du glaubst, daß er jetzt vielleicht seinen Entschluß wegen dem Haus rückgängig macht? Es wird ihm bestimmt das Geld ausgehen.

Wegen einer Schafherde macht er seinen Entschluß mit dem Haus nicht rückgängig.

Wir sollten den Tag nicht vor dem Abend ...

Es gibt nur eins, was ihn dazu bringen könnte, sein Wort zu brechen mit dem Haus.

Wenn du dich nicht mehr mit ihm treffen würdest?

Das nicht gerade.

Was dann?

Nichts.

Hat er in der letzten Zeit von dem Haus gesprochen?

Weißt du, wie er es nennt? Er nennt es das Mutterhaus.

Weshalb?

Sie zuckte die Achseln.

Jetzt komm schon, sagte Gérard.

Gérard und seine Frau fuhren den Berg hinauf bis zu der Stelle, wo die Straße endete. Von dort aus gingen sie, nachdem sie den Wagen verriegelt hatten, zu Fuß weiter. Plötzlich kreischte sie auf, als ein Waldhuhn unter ihren Füßen aufflog.

Ich dachte, es wäre ein Baby! schluchzte sie.

Du hast wohl zuviel getrunken. Wie kann ein Baby fliegen?

Aber ich habe es gedacht, ich sage es dir doch.

Siehst du den Rauch? fragte Gérard.

Was zischt denn da so?

Seine Schafe, die am Brutzeln sind! sagte Gérard.

Laß deine Witze.

Grashüpfer.

Riechst du was?

Nein.

Stell dir vor, bei einem Gewitter hier oben zu sein! sagte sie.

Ich habe Besseres zu tun.

Du hast leicht reden, du hast in deinem ganzen Leben noch keine Schaufel angefaßt, sagte sie.

Ich bin ja auch nicht blöd.

Nein, das könnte niemand von dir behaupten. Und er ist blöd, Boris ist blöd, blöd, blöd!

Er schürte das Feuer mit Benzin, dessen blaue Flammen die langsameren gelben Flammen jagten. Er packte ein Schaf bei den Füßen, schaukelte es hin und her und schleuderte es dann in die Luft, so daß es auf dem Scheiterhaufen landete, wo es noch ein paar Minuten lang als ein Tier erkennbar war. Die Flecken auf seinen Wangen rührten von Tränen her, die das Feuer und, wenn der Wind drehte, auch der ätzende Rauch hervorgerufen hatten. Nach ein paar Minuten packte er dann den nächsten Kadaver, schaukelte ihn, um Schwung zu holen, und wirbelte ihn in die Luft. Der Junge, der es nie geschafft hatte, die Eschenrinde sanft genug abzuklopfen, war zum Manne geworden, der seine eigene Herde mit leichter Hand verbrennen konnte.

Gérard und die Blonde blieben in einer Entfernung von etwa fünfzig Metern vor der Brandstätte stehen. Die Hitze, der Gestank und irgend etwas Unbewußtes hielten sie davon ab, näher heranzutreten. Dieses Unbewußte vereinigte die beiden: darin verstanden sie sich wortlos. Sie hoben die Hände, um die Augen zu schützen. Feuer und gigantische Wasserfälle haben eines gemeinsam. Da ist die Gischt, die der Wind von der Kaskade losreißt, und dort sind die Flammen: da sieht man die Erosion der triefenden Felswand und dort, wie das Abgebrannte auseinanderbricht: da ist das Donnern des Wasserfalles, und dort ist das schreckliche Geschwätz des Feuers. Und doch herrscht bei beiden, dem Feuer wie dem Wasserfall, im Zentrum eine anhaltende Ruhe. Und es ist diese Ruhe, in der die Katastrophe liegt.

Sieh ihn dir an, flüsterte Gérard.

Drei Millionen hat er verloren, der arme Hund! murmelte die Blonde.

Wieso weißt du so bestimmt, daß er nicht versichert ist?

Ich weiß es eben, zischte sie, deshalb. Ich weiß es eben.

Boris bückte sich mit dem Rücken zum Feuer über seinen Rucksack und trank aus einer Wasserflasche. Nachdem er getrunken hatte, goß er sich Wasser über das Gesicht und über die schwarzen Arme. Das Wasser war frisch, und er mußte daran denken, wie er sich heute abend in der Küche ausziehen und waschen würde, ehe er die Blonde besuchte.

Als Boris sich dem Feuer wieder zuwandte, sah er sie. Doch gleich darauf entzog ein Rauchschwall sie wieder

der Sicht. Keinen Moment lang jedoch fragte er sich, ob er sich nicht geirrt habe. Er würde die Blonde sofort erkennen, was sie auch immer tat, überall. Er würde sie in jedem Land der Erde erkennen, in jedem Jahrzehnt ihres Lebens.

Der Wind drehte, und er sah sie wieder. Sie stand da, Gérard hatte ihr den Arm über die Schulter gelegt. Es war unmöglich, daß sie ihn nicht gesehen hatten, und dennoch gab sie ihm kein Zeichen. Sie waren nur fünfzig Meter weit entfernt. Sie blickten ihn geradewegs an. Und dennoch gab sie ihm kein Zeichen.

Wenn er ins Feuer ginge, würde sie dann aufschreien? Die Flasche immer noch in der Hand, ging er aufrecht, geradewegs – wie ein Soldat, der einen Orden empfangen sollte – auf das Feuer zu. Der Wind sprang wieder um, und sie verschwanden.

Als der Rauch sich das nächste Mal verzog, war das Paar nicht mehr zu sehen.

Entgegen seinem ursprünglichen Vorsatz kam Boris in jener Nacht nicht herab. Er blieb beim Feuer. Die Flammen hatten sich gelegt, seine Schafe waren Asche, doch die Felsen waren noch ofenwarm, und die Glutstücke wechselten die Farbe im Wind, wie sein Zorn.

Unter den Fels gekauert, während die Milchstraße ihren Schleier gegen Süden zog, dachte er über seine Lage nach. Schulden waren Mahnungen, die an die letzte Wahrheit erinnerten, sie waren Zeichen, die, wenn auch noch nicht nachdrücklich, von der letztendlichen Unwirtlichkeit des Lebens auf dieser Erde zeugten. Nach Mitternacht ließ der Wind nach, und der ranzige Geruch, der sich im Geröll hielt, wurde nicht mehr fortgeweht; er füllte die Stille, wie Pulvergeruch, wenn der Knall des letzten Schusses verhallt ist. Auf dieser unwirtlichen Erde hatte er, im Alter von einundvierzig Jahren, eine Zuflucht gefunden. Die Blonde war wie ein Ort: ein Ort, wo das Gesetz der Unwirtlichkeit nicht galt. Er konnte diesen Ort überall mit hinnehmen, und es genügte ihm, an sie zu denken, dann war er diesem Ort nahe. Wie war es dann möglich, daß sie an dem Tag, an dem er so viel verloren hatte, den Berg heraufgekommen war und kein Wort gesagt hatte? Wie war es möglich, daß sie auf diesem Felsmassiv, hoch droben über dem Dorf, wo selbst die Kirchenglocken nicht zu hören waren, sich ihm immerhin auf fünfzig Meter genähert und ihm kein Zeichen gegeben hatte? Er stocherte mit dem Stiefel in der Glut. Er wußte, was auf die Frage zu antworten war, und es war elementar. Er pißte ins Feuer, und auf den Steinen wurde sein Urin zu Dampf. Es war elementar. Sie war gekommen, um ihn zu beobachten, aus Neugierde.

Ehe er sie sah, sagte er zu sich selbst, daß er schließlich nur die Hälfte seiner Schafe verloren hatte. Im Moment aber, als er sie mit seinen eigenen Augen sah und sie ihm kein Zeichen gab, da vereinigte sich sein Zorn mit dem des Feuers: er und das Feuer, sie würden zusammen die ganze Welt auf einmal niederbrennen, alles, Schafe, Vieh, Häuser, Möbel, Wälder, Städte. Sie war aus Neugierde gekommen, um ihn in seiner Erniedrigung zu beobachten.

Die ganze Nacht lang haßte er sie. Kurz nach Sonnenaufgang, als es am kältesten war, hatte der Haß seinen Zenit erreicht. Und so fragte er sich vier Tage später: war es möglich, daß sie einen anderen Grund gehabt hatte, zum Felsen des Heiligen Antonius heraufzukommen?

Boris beschloß, in den Bergen zu bleiben. Wenn er ins Dorf hinunterging, würde ihn jedermann anstarren, um zu sehen, wie er mit seinem Verlust fertig geworden war. Sie würden ihn fragen, ob er versichert gewesen sei, einfach nur, um ihn Nein sagen zu hören. Daran würden sie ihr Vergnügen haben. Wenn er hinunterging, finge er vielleicht an, Dinge zu zerschlagen, die Fenster des Bürgermeisteramtes, das Glas auf der Theke der Republikanischen Leier, Gérards Gesicht, die Nase des ersten, der seinen Arm um die Hüfte der Blonden legte. Die übrigen Schafe waren in der Nähe von Peniel, wo es eine Hütte gab, in der er schlafen konnte. Bis der Schnee kam, würde er dort mit seinen restlichen Schafen bleiben. Auf diese Weise wäre er auch zur Stelle, wenn sie für den Winter hinabgetrieben werden mußten. Wenn sie sich wirklich aus einem anderen Grund mit ihm hatte treffen wollen, dann würde sie wiederkommen.

Eine Woche ging vorüber. Er hatte wenig zu tun. Des Nachmittags lag er im Grase, schaute zum Himmel hinauf, gab gelegentlich einem der Hunde Befehl, ein Schaf einzuholen, betrachtete in Muße die Täler drunten. Mit jedem Tag schienen die Täler in weiterer Ferne zu liegen. Zur Nacht war es nötig, in der Hütte Feuer zu machen; es gab keinen Schornstein, aber es gab ein Loch im Dach. Seine physische Kraft war unvermindert, doch schmiedete er keine Pläne mehr, hatte kein Verlangen mehr. Am Berghang gegenüber der Hütte war eine Murmeltierkolonie. Er hörte das Murmeltier auf Wache pfeifen, wenn einer seiner Hunde sich der Kolonie näherte. Am frühen Morgen sah er, wie sie sich auf den Winter und ihren langen Schlaf vorbereiteten. Sie gruben Grasklumpen mit den Wurzeln daran aus und trugen sie, als seien es Blumen, in ihr unterirdisches Versteck. Wie Witwen, sagte er zu sich selbst, wie Witwen.

Eines Nachts, als die Sterne so hell waren wie im Frühling, kehrte sein Zorn zurück, und elektrisiert fuhr er auf. Die glauben also, Boris ist erledigt, murmelte er, zu den Hunden gewandt, da haben sie sich aber geschnitten, verdammte Scheiße. Boris steht erst am Anfang. Er biß sich im Schlaf auf die Faust, und in dieser Nacht träumte er.

Am folgenden Nachmittag lag er auf dem Rücken und sah zum Himmel hinauf, als er sich plötzlich auf den Bauch rollte, um die Schneise hinabzuschauen, die durch den Wald zur Teerstraße hinunterführte. Sein Gehör war fast so scharf geworden wie das seiner Hunde. Er sah, wie sie zu ihm heraufkam. Sie trug ein weißes Kleid, blaue Sandalen und um den Hals eine Kette, die aus Perlen zu sein schien.

Wie geht es dir, Buckel?

Bist du also schließlich doch gekommen!

Du bist verschwunden! Du bist verschwunden! Sie streckte die Hände aus, um ihn in die Arme zu nehmen. Du bist verschwunden, und da habe ich mir gesagt: ich werde hingehen und Buckel finden, und da bin ich nun.

Sie trat zurück, um ihn anzuschauen. Er hatte einen Bart, sein Haar war verfilzt, die Haut schmutzig, und die blauen Augen, mit denen er sie anstarrte, waren etwas zu weit in die Ferne gerichtet.

Wie bist du hergekommen? fragte er.

Ich habe den Wagen unten bei der Hütte gelassen.

Wo die alte Frau ist?

Da ist jetzt niemand mehr, und die Fensterläden sind verriegelt.

Sie müssen die Kühe hinabgetrieben haben, sagte er. Was für ein Datum haben wir?

Den dreißigsten September.

Wozu bist du gekommen, als ich die Schafe verbrannt habe?

Wovon sprichst du?

Du bist mit deinem Mann zum Felsen des Heiligen Antonius hinaufgekommen.

Nein.

An dem Tag, als ich die Schafe verbrannt habe. Ich habe dich gesehen.

Das muß jemand anderes gewesen sein.

Nie würde ich eine andere Frau mit dir verwechseln.

Es hat mir sehr leid getan, als ich hörte, was mit deinen Schafen passiert ist, Boris.

Großmama pflegte zu sagen, daß Träume die Wahrheit auf den Kopf stellen. Letzte Nacht habe ich geträumt, wir hätten eine Tochter, im Leben also wird es ein Sohn sein.

Buckel, ich bin nicht schwanger.

Ist das wahr?

Ich will dich nicht anlügen.

Warum bist du mir nachschnüffeln gekommen? Wenn du schon die Wahrheit sagst, dann sag sie auch.

Ich wollte gar nicht.

Warum bist du dann nicht zu mir gekommen und hast mit mir gesprochen?

Ich hatte Angst.

Vor mir?

Nein, Buckel, vor dem, was du tatest.

Ich habe getan, was getan werden mußte. Danach wollte ich dich besuchen kommen.

Ich habe dich erwartet, sagte sie.

Nein, das hast du nicht. Du hattest ja gesehen, was du sehen wolltest.

Ich bin doch jetzt gekommen.

Wenn er heute gezeugt wird, dann wird er im Juni zur Welt kommen, sagte er.

Er nahm ihren Arm und führte sie zu der baufälligen Hütte, deren Holz von der Sonne geschwärzt war. Er stieß die Tür mit dem Fuß auf. Der Raum war groß genug für vier oder fünf Ziegen. Auf dem Fußboden waren Dekken. Das Fenster, nicht größer als ein kleines Transistorradio, war grau und trüb von Staub. Es gab eine Gaskartusche mit einem Brennring, auf den er einen schwarzen Stieltopf mit Kaffee stellte.

Ich gebe dir alles, was du willst, sagte er.

Er stand im Zwielicht da, seine riesigen Hände hingen locker herab. Hinter ihm lag ein Haufen alter Kleidungsstücke am Boden, zwischen denen sie seine amerikanische Armeemütze und das rote Hemd erkannte, das sie einmal für ihn gebügelt hatte. In der Ecke hinten schlurfte etwas, und ein lahmendes Lamm humpelte auf die Tür zu, wo ein Hund lag. Der festgetretene Boden aus bloßer Erde roch nach Staub, nach Tieren und nach Kaffeesatz. Er nahm den Topf vom Gas, drehte die Flamme ab, und das Zischen hörte auf. Die Stille, die eintrat, war anders als je drunten im Tal.

Wenn es ein Junge ist, werde ich ihm ein Pferd kaufen ...

Sie achtete nicht auf den Kaffee, den er ihr hinhielt, und lief davon, ohne das Ende seines Satzes abzuwarten. Er ging zur Tür und sah ihr nach, wie sie stolpernd den Berg hinablief. Hin und wieder sah sie über die Schulter zurück, als glaubte sie, sie würde verfolgt. Er rührte sich nicht von der Schwelle, und sie hörte nicht auf zu laufen.

Am Abend begann es zu schneien, zuerst zaghaft und

sanft. Nachdem Boris alle drei Hunde in die Hütte gebracht hatte, verriegelte er die Tür, was er sonst nie tat, legte sich neben den Tieren nieder und versuchte zu schlafen, die Zähne in die Faust gebissen. Am nächsten Morgen trieb er unter den weißen Kiefern und durch gefrorene Brombeersträucher und Wasserpfützen seine Herde armseliger grauer Schafe zur Straße hinunter, die ins Dorf hinabführte.

Als Corneille, der Viehhändler, in seinem Lastwagen vor Boris' Haus vorfuhr und mit den langsamen Schritten des dicken Mannes, der er war, durch den Schnee stapfte, um an das Küchenfenster zu klopfen, war Boris nicht überrascht; er wußte, warum Corneille gekommen war. Er verfluchte seine Hunde, die bellten, drohte ihnen, sie würden gepökelt und geräuchert, wenn sie nicht ruhiger wären, und öffnete die Tür. Corneille nahm, den Hut auf den Hinterkopf geschoben, auf einem Stuhl Platz.

Es ist lange her, daß wir dich gesehen haben, sagte Corneille. Du bist nicht einmal auf dem Winterjahrmarkt gewesen. Wie sieht's aus?

Ruhig, antwortete Boris.

Weißt du, daß sie das Schlachthaus in Saint-Denis dichtmachen? Jetzt muß man alles nach A... bringen.

Hatte ich noch nicht gehört.

Immer mehr Kontrollen, immer mehr Regierungsbeamte. Für Talent ist kein Platz mehr.

Talent! So kann man es auch nennen!

An der Art von Talent hat es dir doch nie gefehlt, sagte Corneille. Da zieh' ich schon meinen Hut vor dir!

Tatsächlich behielt er seinen Hut auf und schlug sich den

Mantelkragen hoch. Die Küche war kalt und nackt, als habe sie die Blätter abgeworfen, wie die Buchen draußen, ihre Blätter eines dürftigen Trostes.

Soviel kann ich sagen, fuhr Corneille fort, mir bringt keiner mehr neue Tricks bei, ich kenne sie alle, aber es gibt auch keinen, den ich dir beibringen könnte. Klar, du hast Pech gehabt, und nicht nur letzten Monat droben am Berg – Der arme Scheißer Boris, haben wir gesagt, wie er wohl damit wieder fertig wird –, du hast Pech gehabt, und Geld hattest du ja nie genug flüssig.

Aus seiner rechten Manteltasche zog er ein Bündel von Fünfzig-Tausend-Franc-Scheinen und legte es auf den Tischrand. Einer der Hunde schnüffelte an seiner Hand. Verpiß dich! sagte Corneille und schob den Hund mit einem seiner riesigen Schenkel fort, über den der Mantel gezogen war, so daß er sich wie eine Wand vorwärtsbewegte.

Ich sage dir, Boris, du bringst es fertig, einer Ziege die Hinterbeine abzukaufen und sie einem Pferd anzudrehen! Und das meine ich als Kompliment.

Was willst du?

Willst du mir nicht ein Glas anbieten? Es ist nicht besonders warm in deiner Küche.

Gnôle oder Rotwein?

Also einen kleinen *gnôle*. Der hat nicht so eine Wirkung bei Old King Cole.

So sagt man, ja.

Wie ich höre, hast du sie einfach von den Füßen und ihren Mann unter den Teppich gefegt!

Boris sagte nichts, sondern goß aus der Flasche ein.

Das kann nicht jeder, sagte Corneille, dazu muß man schon ein ziemlicher Old King Cole sein!

So, so, meinst du? Und wozu zeigst du mir dein Geld hier?

Um mit dir ein Geschäft zu machen, Boris. Ein anständiges diesmal, denn ich weiß, daß ich dich nicht übers Ohr hauen kann.

Weißt du, wie du zählst, Corneille? Du zählst eins, zwei, drei, sechs, neun, zwanzig.

Die beiden Männer lachten. Die Kälte stieg wie ein Nebel vom Fußboden auf. Sie leerten die Gläser in einem Zug.

Es wird ein langer Winter werden, sagte Corneille, der Schnee bleibt liegen. Gute fünf Monate Schnee haben wir vor uns. Das ist meine Vorhersage, und dein lieber Onkel Corneille kennt seine Winter.

Boris füllte die Gläser aufs neue.

Der Heupreis wird vorm Frühjahr auf dreihundert pro Ballen steigen. Wie ist dein Heu dieses Jahr gewesen?

Glücklich!

Nicht deine Frau, mein Freund, dein Heu.

Glücklich, wiederholte Boris.

Ich sehe, deine Pferde sind noch draußen, sagte Corneille.

Du hast scharfe Augen.

Ich werde alt. Old King Cole ist nicht mehr der junge Hengst, der er einmal war. Man sagt, daß sie schön ist, daß sie wirklich Klasse hat.

Was willst du?

Ich bin gekommen, um zu kaufen.

Weißt du, sagte Boris, was die Bäume sagen, wenn die Axt in den Wald kommt?

Corneille stieß sein Glas fort, ohne zu antworten.

Wenn die Axt in den Wald kommt, sagen die Bäume: Sieh mal! Der Stiel ist einer der unsrigen!

Deshalb weiß ich ja, daß ich dich nicht übers Ohr hauen kann, sagte Corneille.

Woher willst du wissen, ob ich verkaufen will? fragte Boris.

In deiner Lage würde jeder Mann verkaufen wollen. Alles hängt vom Angebot ab, und ich werde dir eine Summe nennen, bei der du staunen wirst.

Ich und staunen!

Drei Millionen!

Was willst du dafür kaufen? Heu?

Dein glückliches Heu! sagte Corneille, nahm seinen Hut ab und schob ihn noch weiter zurück in den Nacken. Nein, ich habe die Absicht, alles zu kaufen, was bei dir auf vier Beinen herumläuft.

Hast du zehn Millionen gesagt, Corneille?

Boris starrte gleichgültig in den Schnee hinaus.

Ohne Ansehen ihres Zustandes, mein Freund. Ich kaufe blind. Vier Millionen.

Ich bin nicht interessiert zu verkaufen.

Sei's drum, sagte Corneille. Er stützte sich mit den Ellbogen auf den Tisch, wie eine Kuh, die vom Stallboden aufsteht, zuerst mit dem Rumpf, dann mit den Vorderbeinen. Schließlich stand er aufrecht. Er bedeckte den Haufen von Geldscheinen mit der Hand, als wäre er ein schreiender Mund.

Ich habe von deinen Schwierigkeiten gehört, sagte er sehr sanft, mit einer Stimme, wie sie Menschen in einem Krankenzimmer benutzen. Ich habe eine kleine Schwäche für dich, und deshalb habe ich mir gesagt, das ist eine Zeit, wo er seine Freunde braucht, und ich kann ihm aushelfen. Fünf Millionen.

Dafür kannst du die Pferde kriegen.

Corneille stand da, seine Hand knebelte den Haufen Geld.

Wenn du mein Angebot annimmst, wenn du den Winter über keine Tiere hast, mein Freund, dann kannst du dein Heu verkaufen, kannst das Dach deiner Scheune reparieren, und wenn der Frühling kommt, wirst du mehr als genug haben, um eine neue Herde zu kaufen. Fünf Millionen.

Nimm alles, sagte Boris. Wie du sagst, es wird ein langer Winter werden. Nimm alles und laß das Geld auf dem Tisch. Sechs Millionen.

Ich weiß nicht mal, wie viele Schafe ich kaufe, murmelte Corneille.

Auf dieser Erde, Corneille, wissen wir nie, was wir kaufen. Vielleicht gibt es irgendeinen anderen Planeten, wo alle Geschäfte anständig sind. Nach allem, was ich weiß, ist unsere Erde von Menschen bevölkert, die Gott als Ausschuß weggeworfen hat.

Fünfeinhalb, sagte Corneille.

Sechs.

Corneille hob die Hand von dem Haufen und schüttelte Boris die Hand.

Es sind sechs. Zähl nach.

Boris zählte die Scheine.

Wenn du einen Rat willst von einem sehr alten Old King Cole, Corneille sprach gleichmäßig und langsam, wenn du einen Rat willst, dann gib nicht alles für sie aus.

Was das betrifft, Corneille, da wirst du abwarten müssen und zusehen, wie ich es auch immer machen werde.

* * *

Es folgte dann die Korrespondenz zwischen Boris und der Blonden. Diese bestand aus zwei Briefen. Der erste, mit dem Poststempel vom 30. Oktober, war von ihm:

Mein Liebling,
ich habe das Geld für unsere Fahrkarten nach Kanada.
Ich warte auf dich –

immer dein Boris.

Der zweite, datiert vom 1. November, war von ihr:

Liebes Buckelchen,
in einem anderen Leben käme ich vielleicht – in diesem Leben vergib Deiner Marie-Jeanne.

Es gab nun keine Schafe mehr, die zu füttern waren. Die Pferde waren aus dem verschneiten Garten verschwunden. Als der Lastwagen gekommen war, um sie zu holen, hatte ein halber Ballen Heu im Schnee gelegen, und Boris hatte ihn in den Wagen geworfen, seinen Pferden nach. In einem hatte Marc recht, als er sagte, daß Boris wie eins seiner Viecher gestorben sei. Die Tatsache, daß er seine Tiere nicht mehr ernähren mußte, brachte ihn auf den Gedanken, sich selbst nicht mehr zu ernähren.

In dem eiskalten Trog im Hof deponierte er eine Flasche Champagner, um sie jederzeit kalt servieren zu können. Im Wasser löste sich das Etikett, und nach einer Woche schwamm es auf der Oberfläche. Als die Polizei den Küchenschrank öffnete, fand sie ein großes, mit einem Band verziertes Glas Kirschen in *eau-de-vie* und eine Schachtel After-Eight, offen, doch unberührt. Das Merkwürdigste war, daß man am Küchenfußboden unter den gardinenlosen Fenstern eine Pralinenschachtel mit vergoldeten Kanten fand, in der rosarote Zuckermandeln waren, wie man sie manchmal nach einer Taufe unter Gästen und Freunden verteilt. Auf dem Boden waren auch Decken, Hundescheiße und feuchte Zeitungen. Doch hatten die Hunde die Zuckernüsse nicht angerührt.

Während der endlosen Wartezeit im Hause lauschte er nicht auf die Geräusche, die von draußen kamen. Sein Gehör war so unbeeinträchtigt, wie es das meine jetzt eben ist, da es das Geräusch meiner Feder auf dem Papier registriert – ein Geräusch, das dem einer Maus gleicht, die ernsthaft verzehrt, was ihre kleine, spitze Schnauze zwischen den kleinen Pfoten entdeckt hat. Sein Gehör war unbeeinträchtigt, doch seine Gleichgültigkeit war derart, daß das Krähen eines Hahnes in der Nachbarschaft, der Lärm eines Autos, das die Straße heraufkam, von der aus man auf den Schornstein seines Hauses herabschaut, das Geschrei von Kindern, das Fräsen einer Motorsäge, die im Wald jenseits des Flusses arbeitete, das Hupen des Postwagens – daß all diese Geräusche namenlos wurden, keine Botschaft enthielten, leer waren, viel leerer als Stille.

Wenn er wartete, und wenn er keinen Moment lang, ob er wachte oder schlief, das Bild dessen aus den Augen verlor, worauf er wartete – nämlich die Brust, in die sein Gesicht endlich paßte –, so wußte er doch nicht mehr, woher sie kommen sollte. Es gab keinen Pfad, dem er mit seinen Blicken folgen konnte. Sein Herz schlug immer noch links unter den Rippen, er brach immer noch mit der rechten Hand das Brot für die Hunde, wobei er den Laib in der linken Hand hielt, die Sonne ging immer noch am späten Nachmittag hinter demselben Berg unter, doch es gab keine Richtungen mehr. Die Hunde wußten, wie verloren er war.

Deshalb schlief er auf dem Boden, deshalb wechselte er kein Kleidungsstück mehr, deshalb sprach er nicht mehr mit den Hunden und zog sie nur noch an sich oder stieß sie mit der Faust fort.

Wenn er in der Scheune die Leiter hinaufstieg, vergaß er den Strick, und wenn er hinabschaute auf das Heu, sah er Pferde, die fohlten. Doch in Anbetracht seines Hungers hatte er nur sehr wenige Halluzinationen. Als er sich die Stiefel auszog, um durch den Schnee zu gehen, wußte er, was er tat.

Eines sonnigen Tages gegen Ende Dezember ging er barfuß durch den verschneiten Garten in Richtung des Flusses, der die Grenze des Dorfes markiert. Dort sah er zum ersten Mal die Bäume, die keinen Schnee trugen.

Die Bäume bilden ein Dickicht, das ich jetzt von meinem Fenster aus sehen könnte, wenn es nicht Nacht wäre. Es ist in etwa ein Dreieck, mit einer Linde an der Spitze. Es gibt dort auch eine große Eiche. Die anderen Bäume sind Eschen, Buchen, Bergahorn. Von Boris' Blickpunkt aus stand der Bergahorn links. Trotz des nachmittäglichen Dezembersonnenlichtes sah das Innere des Dickichts dunkel und undurchdringlich aus. Die Tatsache, daß keiner der Bäume schneebedeckt war, kam ihm unwahrscheinlich vor, war ihm aber willkommen.

Er stand da und ließ seinen Blick über die Bäume hinweggleiten, wie er ihn vielleicht auch über seine Schafe hätte gleiten lassen. Dies war der Ort, wo er finden würde, was er erwartete. Und diesen Ort der Ankunft zu entdekken, war selbst schon eine Verheißung, daß sein Warten belohnt werden würde. Er ging langsam zum Haus zurück, doch das Dickicht stand ihm immer noch vor Augen. Die Nacht brach herein, doch immer noch sah er die Bäume. Im Schlaf näherte er sich ihnen.

Am nächsten Tag ging er wieder durch den Garten in Richtung des Flusses. Und mit über der Brust verschränkten Armen betrachtete er das Dickicht. Es gab dort eine Lichtung. Dort war es nicht so dunkel zwischen den Bäumen. In dieser Lichtung würde sie erscheinen.

Sie hatte ihren Namen verloren – wie die Champagnerflasche, die er für ihre Ankunft aufbewahrte, ihr Etikett verloren hatte. Ihr Name war vergessen, doch alles andere um sie herum hatte seine Leidenschaft bewahrt.

Während der letzten Tage des Jahres wurde die Lichtung in dem Dickicht immer größer. Es gab Raum und Licht um jeden Baum. Je mehr er unter seinen körperlichen Schmerzen litt, desto sicherer war er, daß der Augenblick ihrer Ankunft näherkam. Am Abend des zweiten Januar betrat er das Dickicht.

Während der Nacht zum dritten Januar hörten die Nachbarn, wie Boris' Hunde heulten. Früh am nächsten Morgen versuchten sie, die Küchentür zu öffnen, die von innen verschlossen war. Durch das Fenster sahen sie Boris' Körper mit zurückgekipptem Kopf und geöffnetem Mund am Boden liegen. Niemand wagte, durch das Fenster einzubrechen, aus Angst vor den Hunden, die wild das Leben beweinten, das zu Ende war.

Ich habe also die Geschichte erzählt. Der Wind treibt den Pulverschnee zu tiefen Verwehungen zusammen. Alles ist in Weiß gehüllt, sogar die Luft. Wenn du draußen auf den Feldern, weitab vom Schutz des Dorfes, durch diesen

Wind gehst, dann überzieht er dir die Wangen innerhalb einer Minute mit Eis, und wenn du dort bleibst, nimmt der Schmerz in deinem Kopf zu wie die Gehirnerschütterung nach einem Schlag.

Jeder, der glaubt, daß das Böse nicht existiert und daß die Welt als gut erschaffen ist, sollte heute abend hinaus auf die Felder gehen.

In einer solchen Nacht ist ein gemeinsames Kartenspiel wie ein Bett, das in die Mitte des Zimmers gerückt wird. Zu viert kauern wir zusammen, um Belote zu spielen. Der Strom ist ausgefallen. Die beiden Kerzen geben gerade genug Licht, daß man die Karten in den Händen erkennen kann. Die Wirtin setzt die Brille auf. Manchmal zieht sie eine Taschenlampe hervor, um Herz von Karo zu unterscheiden.

Die Zeit der Kosmonauten

Wenn man jedem Ereignis, das geschieht, einen Namen geben könnte, wäre es nicht nötig, Geschichten zu erzählen. Wie es aber nun einmal ist, überbietet das Leben unseren Wortschatz. Es fehlt ein Wort, und also muß die Geschichte erzählt werden. Was für eine Beziehung zum Beispiel bestand zwischen dem alten Hirten Marius und dem Baby in Danielles Bauch, als sie aus dem Dorf fortging? War er der Gevatter des Kindes? Wohl kaum.

Es war im Sommer 1982, als die Geschichte ihren Anfang und ihr Ende nahm, hoch droben auf der Alm, die wir Peniel nennen. Manche behaupten zu wissen, daß der Name aus der Bibel stammt. Genesis, Kapitel 32. Doch wenn man dort nachliest, erfährt man gewiß nicht, was sich zwischen Marius und Danielle zugetragen hat.

Peniel ist ein Plateau in 1600 Metern Höhe. Ein Rand der Hochfläche beherrscht mit einer gigantischen Felswand das Dorf darunter. Von dort oben kann man nach einem Wolkenbruch, wenn die Sonne scheint, auf den Scheitel eines Regenbogens hinunterschauen, als blicke man auf die Wölbung einer Brücke zu seinen Füßen. Die Felswand besteht überwiegend aus Kalkstein, gelegentlich von Flysch durchsetzt. Die anderen Ränder des Plateaus verlieren sich jenseits in den Bergen.

Einst gab es auf dieser Hochebene einen Wald, und einige riesige Baumstämme haben sich in einer Lehmschicht erhalten, unter dem Mutterboden, auf dem das Weidegras wächst. Wo dieser Lehm und der Wald aus der Urzeit am dichtesten unter der Oberfläche liegen, ist die Erde ölig und feucht, und auf den Felsen wächst ein dunkelgrünes

Moos, das sich, wenn man es anfaßt oder sich darauf niederlegt, wie Fell anfühlt. So werden die Felsen Tieren ähnlich.

Vor ein paar Jahren, als der Russe Gagarin, der erste Mensch im Weltraum, die Erde umkreiste, beherbergte jede der zwanzig auf Peniel verstreut liegenden Hütten allsommerlich Vieh und Frauen und Männer. So viel Vieh, daß das Gras gerade knapp für alle dort oben reichte. Man war gemeinschaftlich übereingekommen, die Weidezeit zu begrenzen. Um drei stand man auf, um zu melken, und sobald es hell wurde, ließ man die Kühe zum Grasen nach draußen. Um zehn, wenn die Sonne schon ziemlich hoch am Himmel stand, brachte man sie nach Hause und machte seinen Käse. Im Stall gab man ihnen Gras, das man um die Mittagszeit gemäht hatte. Nach dem Essen hielt man Siesta. Um vier wurde noch einmal gemolken, und erst dann ließ man sie zum zweiten Mal zum Grasen nach draußen, und man blieb dort bei ihnen, bis man die Bäume nicht mehr sehen konnte, sondern nur noch den Wald. Man brachte die Kühe wieder hinein, und wenn sie sich auf ihr Stroh niedergelassen hatten, konnte man hinausgehen und hinauf in die Nacht spähen, wo die Milchstraße wie ein Gazeschleier aussah, und versuchen, Gagarin in seinem kreisenden Sputnik auszumachen.

All das ist fünfundzwanzig Jahre her. In dem Sommer, von dem hier die Rede ist – dem Sommer 1982 –, waren nur noch zwei von den zwanzig Hütten bewohnt, eine von Marius und die andere von Danielle, und es gab so viel Gras, daß sie ihre Tiere Tag und Nacht weiden lassen konnten.

Die beiden Hütten sind durch einen Paß getrennt, der von zwei Bergspitzen flankiert wird, dem Saint Pair und der Tête de Duet. Danielle brauchte eine halbe Stunde, um über den Paß zu Marius' Hütte zu gelangen.

Warum riechen Ziegenböcke so stark, fragte Marius sie, als sie das erste Mal bei ihm ankam. Nach einem Winter mit Eis und Schnee kommst du in den Stall, und du weißt sofort, daß im letzten Jahr ein Ziegenbock dagewesen ist. Widder riechen nicht so, Bullen riechen nicht so, Hengste riechen nicht so, warum dann Ziegenböcke? Der einzige andere Geruch, der so stark ist wie der eines Ziegenbocks, fuhr Marius fort, ist der Geruch einer Gerberei. Als ich ins Dorf zurückkam, hat es sechs Monate gebraucht, bis ich den Gestank aus meiner Haut herausbekam. Als ich ins Dorf zurückkam, konntest du mir sonstwo am Körper ein Haar ausreißen – er fixierte Danielle mit seinen durchtriebenen, unerschrockenen Augen, damit ihr nicht entging, worauf er hinauswollte – sonstwo am Körper, konntest daran riechen und sofort sagen: der Mann hat in einer Gerberei gearbeitet.

Was erwartest du von einem Ziegenbock? antwortete Danielle, alle Ziegenböcke haben einen starken Geruch, wie sonst?

Etwas anderes – abgesehen von dem Gestank der Gerberei –, das Marius ins Dorf mit zurückgebracht hatte, war die Art, wie er einen Hut trug. Er trug den Hut verwegen über ein Auge herabgezogen. Wie ein Boss. Nicht der Boss einer Fabrik, sondern ein Gangsterboss. Und er war niemals ohne Hut. Er schlief auch mit Hut. Brachte er seine Kühe nach einem Wolkenbruch herein – wenn es gewaltig gießt, rühren sie sich nicht von der Stelle, sie senken den Kopf, bilden mit dem Rücken eine Art Dach, so daß der Regen zu beiden Seiten abläuft, und warten ab – brachte Marius nach einem Wolkenbruch seine Herde herein und war sein Hut so durchnäßt, daß es selbst drinnen noch weiterregnete, dann nahm er ihn ab und setzte sogleich einen anderen auf.

Einen Hut aufzusetzen, war für ihn eine Autoritätsgeste, und die Autorität der Geste hatte sich seit seinem dreißigsten Lebensjahr nicht verändert. Jetzt war er siebzig und trug seinen Hut so, als erwarte er von dreißig Kühen und einem Hund unbedingten Gehorsam.

Das da ist Violette, murmelte er, zu Danielle gewandt, und zeigte mit dem Stock auf eine große braune Kuh mit schwarzen Augen und Hörnern. Kommt immer als letzte, wenn man ruft, zieht immer auf eigene Faust los, sie hat ihren eigenen Kopf, die Violette, und im Herbst bin ich sie los!

Im Alter von vierzehn hatte er seinen Vater verloren. Sein Vater, der zweimal heiratete, hatte eine Leidenschaft für das Kartenspiel. Im Winter pflegte er jeden Abend zu sagen: *Sauva la graisse*! Wisch das Fett vom Tisch, wir wollen Karten spielen. Und so wurde er bekannt als Emilien à Sauva, und sein Sohn als Marius à Sauva.

Emilien, der Vater, hinterließ außer Schulden wenig. Das Haus der Familie wurde verkauft, und Marius, der der älteste Sohn war, mußte fortgehen, um sich in Paris nach Arbeit umzusehen. Als er zum ersten Mal in seinem Leben einen Zug bestieg, schwor er sich, er würde mit genügend Geld wiederkehren, um die Familienschulden zu bezahlen und schließlich die größte Kuhherde im Dorf haben.

Du willst ihnen also die Schornsteine fegen? fragte der Schaffner.

Ich fresse ihre Scheiße, sagte der Knabe Marius, wenn sie mir dafür mehr zahlen.

Er erreichte, was er sich geschworen hatte. Er arbeitete

in einer Gerberei in Aubervilliers, unweit nördlich des Arc de Triomphe. Als er dreißig war, hatte er die Familienschulden abbezahlt. Als er fünfzig war, hatte er die größte Herde im Dorf.

Ruhig sind sie heute, Danielle, fuhr er fort, ruhig und folgsam, und sie bleiben zusammen. Ganz anders als gestern, gestern haben sie das Gewitter gespürt, und außerdem waren fliegende Ameisen in der Luft. Sie sind mit langgestrecktem Schwanz herumgerannt. Sie waren gestern so unfolgsam, wie du dir nur vorstellen kannst. Und heute sind sie honigsüß. So süß wie Honig, Danielle.

Es war Sommeranfang, und das Gras war von Blumen übersät, Vanilleorchideen, Trollblumen, Arnika, roten Feuernelken und blauen Kornblumen, von denen es heißt, sie seien die Seelen der Dichter.

Danielle war dreiundzwanzig. Ihre Mutter war tot, und sie lebte bei ihrem Vater, der schon älter war und fünf Kühe und ein paar Ziegen hatte. Sie hatte eine Anstellung im Lagerhaus einer Möbelfabrik. Doch im Frühjahr '82 ging die Firma in Konkurs, und so schlug sie ihrem Vater vor, seine Tiere in die Berge zu bringen – zu der Hütte, wo sie als Kind mit ihrer Mutter so manchen Sommer verbracht hatte.

Wo nimmt sie den Mut her, allein dort oben zu bleiben? so fragten die Leute im Dorf. Doch die Wahrheit war, daß sie keinen Mut dazu brauchte. Es entsprach ihr – die Stille, die Sonne, der langsame Tagesablauf. Wie viele Menschen, die sich ihrer selbst sicher sind, hatte Danielle etwas Einschüchterndes. Beim Dorftanz rissen sich die Burschen nicht gerade darum, sie aufzufordern – obwohl sie gut tanzte und breite Hüften und zierliche Füße hatte. Sie waren sich nicht sicher, ob sie über ihre Witze lachen würde.

Deshalb nannten sie sie langsam. In Wirklichkeit war dieses sogenannte Langsame bei ihr eine Art von Unerschütterlichkeit. Sie hatte ein breites Gesicht mit dunklen Augen – ein wenig wie das einer Indianersquaw – und starke Schultern, schmale Handgelenke und dralle, tüchtige Hände. Es war leicht, sich Danielle als Mutter mehrerer Kinder vorzustellen – nur schien sie es nicht eilig zu haben, einen Mann zu finden, der der Vater sein sollte.

Großpapa! neckte sie Marius, als sie ihn ein paar Tage später zum zweiten Mal besuchte. Du färbst es doch, nicht wahr?

Ich färb' was?

Siebzig und kein einziges weißes Haar!

Das liegt in der Rasse.

Danielle schaute weg, als hätte sie ihren Witz auf einmal vergessen. Die wenigen weißen Wolken über den Gipfeln waren das einzige Anzeichen, daß die Welt nicht stehengeblieben war.

Mein Vater hatte noch genausoviel Haar, fuhr Marius fort, dicht und schwarz wie bei einem Lamm, als sie ihn in seinen Sarg genagelt haben. Geh, Johnny, such Lorraine, rief er dem Hund zu. Hol Lorraine her!

Der Hund sprang davon, um eine Kuh zurückzuholen, die den Hang entlang nach Westen streunte. Im Laufe der Jahre haben die Kühe auf Peniel mit den eigenen Füßen enge, terrassenartige Pfade in die Hänge getreten. So kann es geschehen, daß man einen dieser Pfade entlanggeht, ohne richtig zu merken, daß der Hang auf der einen Seite immer abschüssiger wird.

Geh, hol Lorraine her.

Marius hatte seine eigene Art zu rufen. Seine Rufe klangen wie ein Befehl und eine dringende Bitte zugleich. Jeder findet heraus, wie er seine Stimme in den Bergen zum Tragen bringt, und jeder weiß, daß Tiere auf Klänge reagieren, die sich wie Gesang anhören. Doch waren seine Rufe nicht musikalisch, sie waren eher gepreßte Schreie, und jeder endete mit dem Wort HER! Johnny, bring her! Mach her! Da, Johnny, hierher! Jemand, der plötzlich aus dem Schlaf erwacht, könnte aufschreien wie Marius, wenn er seinen Hund rief.

Hol Lorraine her!

Ist gefährlich, sagte er. Lilac ist dort vor zwei Jahren abgestürzt und hat sich ein Bein gebrochen. Um das Fleisch zu retten, mußte ich den Kadaver mit einem Beil auseinanderhacken und die Viertel auf einem Schlitten zur Hütte bringen. Ganz allein. Keine Hilfe, kein Zeuge.

Als Danielle ihn das nächste Mal besuchte, war es schon Abend. Es war den ganzen Tag über sehr heiß gewesen, die Ziegen waren genauso träge wie sie selbst. Als sie mit dem Melken fertig war, stieg sie zur Paßhöhe hinauf. Dort konnte sie die Glocken von Marius' Herde hören und zugleich, hinter ihr und um vieles lauter, die Glocken ihrer eigenen fünf Kühe. Sie hatte eine Taschenlampe bei sich, für den Fall, daß sie sie auf dem Rückweg brauchte.

Marius saß auf einem Schemel im Stall, der bis auf eine Kuh leer war. Unter seinem Hut hervor blickte er auf, die schwarzen Augen unverwandt auf Danielle gerichtet.

Ich habe mein Bestes getan, damit du kommst, brummte er, könnte deine Hilfe brauchen, falls man ziehen muß. Ich kenn' doch meine Comtesse.

Comtesse, die Kuh, die vor ihnen stand, hatte den Schwanz in der Luft, und glitzernde Schleimschlieren troffen aus ihrer geweiteten Scheide. Danielle näherte sich ihrem Kopf und befühlte die Hörner nach ihrer Temperatur.

Was sie braucht, sagte sie, ist ein bißchen Tau auf die Nase.

Sie wollte einen Witz machen, weil sie sah, daß Marius' Hände zitterten. Wie vielen Kälbern hatte er in seinem Leben nicht schon auf die Welt geholfen! Und jetzt besaß er nicht nur eine, sondern dreißig Kühe. Wieso war er da nervös? Das letzte Sonnenlicht schien durch die Bretter der Westwand. Als Comtesse den Kopf bewegte, gab die Glocke um ihren Hals einen Laut wie ein Tier, das Schmerzen litt. Es war stickig, als fiebere das ganze Holz des Fußbodens und der Wände und des Daches, als fiebere das ganze Holz des Stalles; Danielle wußte, warum er nervös war. So nervös konnte er nur als Mann sein, und nur in seinem Alter: es war nicht die Gefahr, das Kalb oder die Kuh zu verlieren, was ihm zusetzte, es war eine Frage des Stolzes. Als gehe es um eine Prüfung, als stehe er vor Gericht. Keine Frau, sei sie jung oder alt, würde in ähnlicher Weise leiden.

Der Kopf ist verdreht, murmelte Marius und schob den Hut weiter zurück in den Nacken, darum kommt das Mistviech nicht.

Zum dritten oder vierten Mal krempelte er sich den Ärmel bis zur Schulter hinauf und steckte den rechten Arm in die Kuh. Comtesse war jetzt so schwach, daß sie wie betrunken wankte.

Halt sie auf den Füßen, um Gottes willen, brüllte er, oder willst du mir den Arm brechen? Halt sie auf den Füßen! Allmächtiger, das darf doch nicht wahr sein! Halt sie auf den Füßen, hörst du wohl? Und wenn dein Vater mein ärgster Feind ist, du hältst sie auf den Füßen, hörst du?

Während er Danielle anbrüllte, suchte er zugleich ruhig und systematisch mit der geöffneten Hand, die Finger wie

Sonden gespreizt, um die Schultern des Kalbes und danach die Schenkel zu finden und sie dann mit einer einzigen Hand so zu drehen, daß das Kalb den Durchgang finden konnte. Der Schweiß lief ihm in Strömen herab, ebenso Danielle und Comtesse. Schleim, Holz, imprägniert mit jahrhundertaltem Geruch von Kühen, Schweiß, und irgendwo der scharfe Jodgeruch von Geburt.

Geschafft, grunzte er. Er zog den Arm heraus, und beinahe unmittelbar darauf erschienen zwei Vorderhufe, die verloren aussahen wie ertränkte Kätzchen. Danielle fingerte an dem Strick herum, kaum daß sie es erwarten konnte, ihn um die Hufe zu schlingen und zu ziehen, um so die schwere Arbeit zu Ende zu bringen, die schon zu lange gedauert hatte, doch sie zögerte, denn Marius stand da, das Gesicht dicht vor der Fotze der Kuh, die Augen nach oben verdreht, als würde er beten.

Er kommt zu uns! Er kommt. Das Kalb rutschte schlaff und kraftlos heraus, Marius in die Arme. Er goß sich *eau-de-vie* über die Finger und zwängte sie dem Kalb ins Maul, damit es saugen konnte. Es sah mehr tot als lebendig aus. Er trug es zu Comtesse, die dem Kalb das Gesicht leckte und muhte. Der Laut, den sie von sich gab, war hoch und durchdringend – ein wahnsinniger Laut, dachte Danielle. Das Kalb rührte sich. Sie ging, um Stroh zu holen.

Als alles erledigt war, saß Marius auf seinem Schemel, die rechte Hand, mit der er das Kalb gedreht hatte, immer noch geöffnet und ausgestreckt, und sie vollführte in der Luft des Stalles immer noch dieselben Bewegungen, die sie in der Gebärmutter gemacht hatte. Mit dem Unterschied, daß sie nicht mehr zitterte.

Du kennst dich aber wirklich aus, Großpapa!

Nicht immer, nicht immer.

Eine sanfte Brise wehte durch die offene Tür. Das Licht im Stall verblaßte.

Ohne dich hätte ich es nicht geschafft, sagte er.

Ich hab' doch nichts gemacht.

Er lachte und fing an, sich die Hemdsärmel herunterzukrempeln. Du warst da! rief er, du warst da! Du hast sie auf den Füßen gehalten.

Auf dem Heimweg war sie froh, daß sie die Taschenlampe bei sich hatte, denn der Paß geht von Norden nach Süden, und weil der Mond noch niedrig im Osten am Himmel stand, lag der Weg zwischen den Felsen in tiefem Schatten. Sie blieb stehen, um zu den Sternen hinaufzusehen, die von dort, wo es dunkel war, noch zehnmal heller schienen.

Ich beobachtete ihn oft. Gegen Mittag ließ ich meine Ziegen allein und stieg zum Paß hinauf, wo eine leichte Brise wehte, und dort aß ich mein Mittagbrot. Um ehrlich zu sein, ich spionierte ihn aus, denn ich gab mir Mühe, unentdeckt zu bleiben.

Seinen Kindern zufolge, die von Zuhause fortgegangen waren, war er ein Tyrann. Und was sie, abgesehen von seinen Befehlen, so tyrannisierte, war seine Unermüdlichkeit.

Geh, hol sie her! Geh, bring sie her!

Jeden Nachmittag hatte er einen anderen Plan, wo und wie seine Herde fressen sollte. Er ließ sie nie in Ruhe.

Um den Paß herum waren immer Dohlen. Wenn die Sonne schien und sie nahe der Felswand von St.Pair flogen, fiel ihr Flugschatten auf den Felsen, und das schien die Anzahl der Vögel, die in der Luft waren, zu verdoppeln. In einem bestimmten Moment drehte der Anführer der Schar zur Sonne hin ab, die anderen folgten, und sofort verschwanden ihre Schatten, so daß es aussah, als hätte sich die Hälfte der Vögel plötzlich in Luft aufgelöst. Manchmal lag ich da und beobachtete, wie die Vögel erschienen und verschwanden, bis ich jedes Zeitgefühl verlor. Wenn ich dann hinabsah, entdeckte ich Marius und seine Herde beim Bach drunten, wo die Kühe mittags tranken, und im nächsten Augenblick waren sie schon fünf Kilometer weit entfernt.

Eine Woche später besuchte Danielle Marius wieder. Er war mit seiner Herde in der Nähe des Waldes, wo vor zwei Generationen ein paar Hirten nach Gold gegraben, aber keins gefunden hatten.

Marius begrüßte sie, indem er sagte: Eines Tages wirst du eine alte Frau sein! Auch du, Danielle! Ich bin letzte Nacht gestürzt.

Und?

Jeder wird mal älter.

Wie bist du gestürzt?

Als Antwort begann er, seinen Gürtel aufzuschnallen. Seine Hose, von Dreck und Kuhscheiße verkrustet, tausendmal durchnäßt und in der Sonne getrocknet, wurde wie üblich vorn aufgeknöpft. Nun sank sie um seine Knöchel zu Boden. Er drehte sich um, damit sie die Rückseite seines Oberschenkels sehen konnte, wo knapp unter dem Gesäß etwas Spitzes das Fleisch zackenförmig aufgerissen hatte. Seine Beine waren so weiß, wie sie es schon in der Wiege gewesen sein mußten.

Ist es tief? fragte er.

Es muß gesäubert werden.
Es hat geblutet wie ein Schwein.
Was hast du draufgetan?
Weinbrand und Arnika.
Es muß gewaschen und verbunden werden, sagte sie.
Wie sieht es aus?
Es ist etwa zehn Zentimeter lang, und es ist rot wie eine Wunde.
Ist es häßlich? Es ist grad' da, wo ich es nicht sehen kann.
Es wird heilen, wenn du es nur sauber hältst.
Alles heilt, wenn man nicht dran stirbt!
Seine Hutkrempe war voller Fliegen.
Laß uns zur Hütte gehen, sagte sie.
Die Schale, aus der er seinen Kaffee getrunken und sein Brot gegessen hatte, stand noch auf dem Küchentisch.
Ich lebe allein, da kann ich immer dasselbe Geschirr nehmen, sagte er.
Wo bist du gestürzt?
Da draußen, wo der Holzstoß ist. Jeden Abend hacke ich das Brennholz, damit ich am nächsten Morgen Feuer für den Kessel machen kann. Ich muß gestolpert sein, ich weiß nicht wie.
Du tust zuviel, Großpapa.
Wer soll es denn sonst tun? Weißt du, wieviel Käse ich in der Woche mache?
Sie schüttelte den Kopf.
Dreißig.
Du hast doch einen Sohn da unten.
Er interessiert sich nur dafür, Bürgermeister zu werden.
Der wird doch nie gewählt.
Ich mache dir einen Kaffee. Er steckte eine elektrische

Kaffeemühle ein. Ohne Elektrizität käme ich nicht aus, sagte er, Elektrizität kann eine Ehefrau ersetzen! Er zwinkerte ihr zu, ein groteskes, unverhohlenes Zwinkern.

Sie nippte am Kaffee. Ein paar Regentropfen fielen, und innerhalb von einer Minute schlug schon der Regen auf das Dach wie ein Betrunkener, und ab und an rollte der Donner.

Du hast doch keine Angst, Danielle?

Sie wiederholte, was sie oft gehört hatte: Es gibt drei Arten von Blitzen – den Regenblitz, den Steinblitz und den Feuerblitz – und gegen keinen kann man etwas tun.

Bei so einem Regen bewegen sich die Kühe nicht, sagte er.

Als der Donner weiter entfernt war, sagte sie: Wenn du dich hinlegst, mach' ich dir das Bein sauber.

Die Hütte bestand außer dem Heuboden und dem Stall aus zwei Kammern, einer ohne Fenster zur Lagerung des Käses, und einer mit einem Fenster für alles andere. Das Bett in der Ecke gegenüber dem Ofen bestand aus Holz und war an die Wand geschraubt. Er stieg aufs Bett, reichte ihr eine Flasche *eau-de-vie*, drehte ihr den Rücken zu und zog die Hose herunter. An die Wandbretter neben dem Bett war ein Farbphoto geheftet, das aus einer Zeitschrift herausgerissen war und eine große politische Demonstration am Arc de Triomphe zeigte. Sie goß ein wenig *eau-de-vie* auf einen Lappen und fing an, die Wundränder zu säubern.

Eine Menge Leute da an dem Tag, sagte sie, während sie das Photo anschaute.

Ich habe es ausgeschnitten, weil ich den Arc de Triomphe kannte, antwortete er, ich habe ihn gut gekannt.

Als junger Mann, so dachte sie, als sie sich über sein

Bein hermachte, das so weiß war wie das eines Kleinkindes, muß er außergewöhnlich gut ausgesehen haben mit seinen dunklen Augen, den dichten Augenbrauen und dem kohlschwarzen Schnurrbart. In Paris konnte es ihm an Angeboten von Frauen nicht gemangelt haben. Doch wenn er seinem Schwur treu bleiben wollte, konnte er – was immer er sonst getan haben mochte – es sich nicht leisten, eine Näherin oder ein Blumenmädchen zu heiraten. Er mußte eine Frau finden, die die Kühe melken konnte, die er kaufen würde.

Er ballte eine Faust.

Tu ich dir weh?

Mir weh tun? Weißt du, was Jesus passiert ist? Ans Kreuz wurde er genagelt, mit Nägeln durch Hände und Füße, direkt ins Holz. So hat man ihm weh getan. Und er war nicht so ein Sünder wie ich!

Er heiratete nicht, bis er ins Dorf zurückkehrte. Elaine, seine Frau, starb jung, und am Tag nach ihrer Beerdigung kaufte er eine Melkmaschine.

Danielle goß ein wenig *eau-de-vie* in die Wunde, und dann nahm sie das neue Käsetuch, das er ihr gegeben hatte, und fing an, den Schenkel zu verbinden. Dazu mußte sie sich über ihn beugen und ihre Hand mehrere Male nahe den Hoden zwischen seine Beine stecken, und jedesmal schloß sie aus Respekt die Augen.

Ich würde gern mal nach Paris fahren, sagte sie, während sie ihn verband. Bis jetzt habe ich nie die Gelegenheit gehabt.

Warte nur ein Weilchen, Danielle, du bist noch eine junge Frau, und eines Tages wirst du nach Paris fahren und nach Rom und New York, sage ich dir. Die Leute fliegen jetzt überallhin. Du wirst alles sehen.

Er schwang die Beine vom Bett und zuckte leicht zusammen.

Ist es zu fest?

Perfekt.

Er zog die Hose von den Knöcheln hoch und schnallte den Gürtel zu. Hut und Stiefel hatte er während der ganzen Operation anbehalten.

Das Gewitter war vorüber, und alles war frisch gewaschen und frei von Staub. Sogar die Luft. Die Täler drunten, die zu den schneebedeckten Bergen im Osten führten, sahen aus, als wären sie von einem Miniaturmaler vor Tausenden von Jahren gemalt worden. Im Gegensatz dazu sahen die Felsen auf Peniel mit dem Moos, dem Gras und den Kiefern neu aus, wie gerade erst erschaffen. Marius' Stimmung war mit dem Luftdruck umgeschlagen, seine Augen strahlten vor Lachen.

Komm und hilf mir, die Herde hereinzubringen! sagte er. Nein, keine Widerrede, du kannst dich bei Nîmes von uns trennen und bei der Zirbelkiefer die Abkürzung zum Paß nehmen.

Sie gingen zusammen mit dem Hund am Rand des Kiefernwaldes entlang. Einmal ließ sie den Alten allein, um einen Umweg zu einer Mulde zu machen, wo man Pilze finden kann, die Wolfshoden heißen. Man kann sie nur essen, solange sie jung sind. Wenn sie alt sind, zerfallen sie zu Staub.

Als sie zurückkam, sagte Marius: Du bist furchtlos wie ein Gespenst, Danielle.

Nur schade, antwortete sie, daß Gespenster nicht glücklich sind.

Glück! Er sprach das Wort aus, als handele es sich wieder einmal um eine unfolgsame Kuh wie Violette. Glück!

Hol sie her! Bring Marquise her!

Niemand ist glücklich, verkündete er. Es gibt nur glückliche Augenblicke. Wie der jetzt, mit dir.

Die Herde ließ sich an diesem Abend leicht zusammentreiben, und die beiden brauchten nichts zu tun als den Kühen zu folgen, die schnell nach Hause gingen, wobei sich ihre Hälse auf und ab bewegten wie Pumpenschwengel und die Glocken stürmisch klangen. Es mußte die Vielzahl der Glocken gewesen sein, durch die Marius die Vorstellung von Ruhm in den Sinn kam. Ruhm währt nicht lange! schrie er. Doch er schrie es unter Gelächter und schwang seinen Stock zu der Musik. Ruhm währt niemals!

Auf dem Heimweg drehte sich Danielle um. Marius hatte seinen Hut auf den Stock gesteckt und schwenkte ihn in weiten Kreisen über dem Kopf. Sie winkte zurück und winkte weiter, bis sie hinter dem letzten Felsblock verschwand.

Nachmittags, wenn die Kühe wiederkäuten, pflegte sich Marius ins Gras zu legen, eine Zeitung aus der Tasche zu ziehen, sie zehn Minuten lang zu lesen und dann einzuschlafen. Das hatte ich ein paarmal beobachtet, als ich ihn vom Paß von St. Pair her ausspionierte. Eines Tages besuchte ich ihn, während er schlief. Als ich näherkam, wettete ich mit mir selber, daß ich ihm die Zeitung aus der Hand nehmen könnte, ohne ihn aufzuwecken. Die einzige Schwierigkeit würde der Hund sein. Mit Johnny müßte ich fertig werden.

Die beiden lagen Seite an Seite, durch Heckenrosenbüsche vor der Sonne geschützt. Der Hund wedelte mit dem Schwanz, und ich winkte ihn zu mir her. Der Alte schlief nach wie vor. Er lag auf der Seite, die Knie leicht angewinkelt, den Hut über das Ohr gezogen. Der Kopf ruhte auf einem moosüberzogenen Stein. Johnny stieß vor Freude einen leisen stöhnenden Kehllaut aus. Ich gab ihm meinen Ärmel zum Beißen. Eine seiner Hände lag mit der Handfläche nach oben im Gras – er hatte überraschend lange Fingernägel. Die Zeitung lehnte an seinem Bauch, wo der Gürtel die klaffende Hose zusammenhielt.

Alle Kühe lagen am Boden. Es gab keinen Glockenchor, denn sie waren zu ruhig. Nur eine Glocke erklang, als eine Kuh langsam den Kopf wandte, nach einer Weile gefolgt von einer anderen. Es war, als habe sich alles verlangsamt, wie der Puls des Alten, während er schlief. Ich bückte mich und nahm seine Zeitung. Es war ganz leicht. Ich hatte meine Wette gewonnen. Warum hätte ich ihn jetzt wecken sollen? So ließ ich die Zeitung im Gras liegen und berührte zart seine geöffnete Hand, weil ich mich nicht verstohlen davonmachen wollte. Ich berührte seine Handfläche mit meinen Fingern, wie mit einer Feder, so zart.

Warum hast du eigentlich noch keinen Mann? fragte Marius Danielle, als sie ihn das nächste Mal besuchte.

Ich hab' keine Eile.

Einen Burschen aus dem Dorf wirst du nicht heiraten.

Warum eigentlich nicht?

Weil du zu unabhängig bist.

Ist das ein Fehler?

Nicht, wenn du genug Geld hast!

Reich werde ich nicht, wenn ich Papas Ziegen hüte.

Das ist auch nicht deine Aufgabe im Leben.

Willst du damit sagen, daß ich faul bin?

Nein. Ich hege eine beträchtliche Bewunderung für dich. Der Alte sprach förmlich, als halte er eine Rede. Eine beträchtliche Bewunderung für dich, Danielle. Du bist klug, und du bist bedachtsam – schlafende Männer soll man nicht wecken!

Und da wußte sie, daß er sich nur schlafend gestellt hatte. Er mußte es gespürt haben, wie sie seine Hand berührte. Und er wußte, daß sie es wußte, doch sie sprachen nicht darüber.

So vergingen die Wochen, und so erfuhren sie mehr voneinander.

Eines Nachts gegen Ende Juli kam ein Wagen kurz vor der Morgendämmerung, als es noch dunkel war, bergan gefahren, über das Gras, in Richtung Tête de Duet, und er hielt hundert Meter von Danielles Hütte entfernt an. Der Wagen war ein Mercedes Berlin-18 aus dem Jahr 1960, und er war silbergrau angestrichen, mit einem Pinsel, nicht mit der Spritzpistole. Sechs Männer stiegen aus dem Auto, jeder mit einem Sack. Sie gaben acht, die Türen nicht laut zuzuschlagen. Der Älteste, der Baskenmütze und Lederweste trug, legte dem Jüngsten, der gähnte, eine riesige Hand um den Hals.

Hast die besten Dinge des Lebens noch vor dir, Junge!

Hör schon auf damit!

Siehst du die Bergspitze dort? Nein, nicht die. Die mit dem Schnee drauf, dort fällen wir heute.

Jesses! Das ist gute zehn Kilometer weit weg.

Die anderen fünf brachen in Lachen aus. Wieder einmal

war der Junge hereingefallen. Weil es noch früh und die Luft kalt war, mußten einige vom Lachen husten.

Und es war das Husten, das Danielle aufweckte. Als sie schließlich aufgestanden war und sich einen Rock angezogen hatte, konnte sie im ersten Licht von der Tür aus nur noch sehen, wie die Männer im Gänsemarsch mit einem Sack über der Schulter zum Wald von St. Pair hinaufstiegen, und vor der Hütte, wo ihre Ziegen grasten, sah sie die schemenhafte Silhouette eines Autos.

Später probierte sie an allen vier Türen des Autos, ob sie zu öffnen waren. Sie waren verschlossen. Durch die Fenster, die kugelsicher aussahen, bewunderte sie die Lederpolsterung und das Armaturenbrett aus Teakholz mit Zeigern wie bei speziell für Ärzte gemachten Geräten.

Nachmittags ließ sie die Kaninchen aus dem Käfig. Und an diesem Tag hüpften sie, nachdem sie gefressen hatten, unter den Mercedes, froh, dort Schatten zu finden. Als sie die Augen halb schloß, bildeten die aufsteigenden Hitzeschwaden um die gegenüberliegenden Bergkämme einen blauen Schein. Den ganzen Tag hörte sie das Brummen von den Motorsägen der Holzfäller.

Am Abend beobachtete sie durch das kleine Fenster der Hütte, wie dieselben sechs Männer mit den Säcken über der Schulter von St. Pair herabkamen. Das Licht verblaßte schon. Sie gingen langsam, als wären sie blind und müßten bei jedem Schritt mit den Füßen den Weg ertasten. Sie hatten einen Hund bei sich, doch sie waren zu müde, um dessen Kapriolen zu beachten. Langsam näherten sie sich der Hütte, jeder ging seinen eigenen Schritt, erschöpft und allein.

Als sie sie in der Tür stehen sahen, wurden sie ein wenig munterer. Der erste Anblick einer Frau – mit der Aussicht auf eine neunstündige Unterbrechung ihrer Knochenarbeit – das erinnerte sie an die andere, an die süße Seite der Welt.

Ich habe eure Sägen gehört.

Vierzig Stämme, Fräulein.

Vater ist es, der sie zählt, sagte ein Stämmiger mit Sägemehl im Haar. Alle lachten, und dann waren sie verlegen.

Meinen Sie, es gibt Regen? fragte einer von ihnen.

Nein, die Vögel fliegen hoch.

Morgen also nicht.

Vierzig!

Ganze vierzig, und glänzen wie Fische!

Wir ziehn sie ab, sowie wir sie fälln.

Ist steil, euer Pair da.

Pair? So heißt er bei euch? fragte der Stämmige mit dem Sägemehl im Haar.

St. Pair, sagte sie.

Überall, an den Armen, im Gesicht, an der Jacke, an den Schultern waren sie mit grauem Staub bedeckt, der vor Schweiß und Harz klebte. Die Schicht war so dick, daß es im Zwielicht so aussah, als wären ihre Gesichter von Fell bedeckt.

Steil und heiß, sagte der Junge.

Im Trog dort gibt's fließendes Wasser, sagte sie.

Die Männer wandten sich in die Richtung, in die sie zeigte. Ein Stück von der Hütte entfernt stand ein massiver ausgehöhlter Baumstamm, der waagerecht auf einigen Steinen ruhte. Davor watschelten vier Gänse, die im Zwielicht phosphoreszierend schimmerten, und über dem Trog war ein Wasserrohr, das direkt aus dem Grashang dahinter kam.

Es ist eine Quelle ... wenn ihr euch waschen wollt.

Wir sind in zwanzig Minuten zu Hause, sagte der, den sie Vater nannten und der Baskenmütze und Lederweste trug.

Zu Hause?

Die Gänse kamen in einer Reihe, die Brust herausgestreckt, auf das Haus zu.

Wir schlafen im Chalet Blanc, erklärte Vater.

Da gibt's aber keine Quelle, sagte sie, nur Regenwasser.

Wir haben Kanister.

Wascht euch doch dort, es ist eine Quelle, sagte sie, eine Quelle, die niemals versiegt. Habt ihr Seife?

Klar – und Schlafanzüge auch! sagte ein Großgewachsener.

In dem Fall hol' ich euch welche.

Sie ging hinein. Als sie wieder herauskam, reichte sie Vater ein großes Stück Seife. Die Männer stellten die Säcke ab und gingen zu dem Trog, der so lang war, daß sie alle nebeneinander stehen konnten.

In der frühabendlichen Brise roch sie den Geruch des Waschens: eine Mischung aus Seife, muffigen Hemden, Benzin, Rauch, Kiefernharz und Schweiß. Sie sah ihnen zu, sie waren bis zur Hüfte entkleidet. Die Jüngeren hatten einen sonnengebräunten Rücken. Die älteren trugen immer Unterhemden, und ihr Rücken war im Gegensatz zu Armen und Schultern weiß. Der Vater hatte seine Baskenmütze abgenommen. Sie warfen einander die Seife zu und lachten. Sie fanden die beiden Bürsten, die sie dort zum Ausschrubben der Milchkanne aufbewahrte. Eine Frau, dachte sie, wäscht sich ganz anders als ein Mann; ein Mann wäscht seinen Körper so, wie er eine Schubkarre auswäscht; es ist nicht die Körperreinigung, bei der ein Mann lernt, wie man zärtlich ist.

Als sie schließlich die Hemden wieder angezogen hatten, war es dunkel. Unter Vaters Augen schüttelte ein jeder feierlich Danielle die Hand, dankte ihr und nannte seinen Namen. Der Name, den sie behielt, war der des Stämmigen mit dem Sägemehl im Haar. Wenn er kam, war er immer am schmutzigsten, und sie spürte, daß das daran lag, daß er am grimmigsten arbeitete. Pasquale war sein Name.

Sie verstauten die Säcke im Kofferraum des Mercedes. Vier stiegen hinten ein. Vater saß vorn, und Pasquale war der Fahrer. Er saß hinter dem Lenkrad, vornübergebeugt, konzentriert und durch nichts abzulenken.

Jeden Abend machten die Holzfäller auf dem Heimweg Pause, um sich am Trog bei Danielles Hütte zu waschen. Sie hielt Kaffee bereit. Sie tranken ihn draußen, auf den Säcken sitzend. Virginio, der groß gewachsen war und eine Brille trug, ließ einen Rasierapparat da, so daß er sich rasieren konnte, wenn er wollte. Danielle fand eine Spiegelscherbe, die sie an einem Draht beim Trog aufhängte. Sie erfuhr, daß fünf von ihnen aus demselben Dorf auf der anderen Seite der Alpen kamen, aus der Nähe von Bergamo. Alberto kam aus Sizilien. Jeden Winter kehrten sie nach Hause zurück. Sie erfuhr, daß sie nach gefällten Raummetern bezahlt wurden: je härter sie arbeiteten, desto schneller verdienten sie. Vater besorgte das Kochen. Der Mercedes gehörte Pasquale.

Manchmal legten sie, wenn sie ganz früh am Morgen vorbeikamen, ein Geschenk für sie hin: eine Dose Pfirsiche, eine Flasche Wermut. Einmal legten sie ein Tuch hin, das mit einem Rosenmuster bedruckt war.

Zum ersten Mal sah ich Pasquale nicht in Arbeitskleidung, als er eines Morgens an die Tür klopfte, während ich noch Kaffee trank.

Ich arbeite sonntags nicht, sagte er.

Du hast einen Ruhetag verdient.

Um was zu tun?

Ein längeres Schweigen trat ein.

Einmal haben wir am Sonntag gearbeitet, und ich hatte einen Unfall.

Was ist passiert? fragte ich.

Die Bäume fielen schlecht, einer nach dem anderen. Wir haben nicht schnell genug gearbeitet. Deshalb hatten wir uns entschlossen, am Sonntag zu arbeiten.

Möchtest du etwas Cidre?

Er schüttelte den Kopf.

Etwas *eau-de-vie*?

Ich habe keinen Durst.

Ich werd' dir etwas Sahne schlagen, sagte ich.

Seine dicken Lippen lächelten, und er öffnete seine ungeheuren Hände als Geste der Ergebenheit.

Erzähl mir, was passiert ist, während ich die Sahne schlage.

Ein langes Schweigen.

Der Sonntag, an dem du gearbeitet hast, drängte ich ihn.

Schon der erste Baum, den ich entrinden sollte, war schlecht gefallen. Es war sehr steil, wo wir gearbeitet haben, so wie hier. Überall Felsen. Spalten. Rinnen. Ich sagte mir, ich werde lieber bergan arbeiten, damit ich nicht dorthin zurückmuß, wo ich ihn schon entrindet habe. Sie sind rutschig wie Fische, wenn man sie entrindet. Manchmal spritzt einem das Harz ins Gesicht, wenn man die Rinde abhackt.

Die Sahne wurde dicker und quoll über den Schüsselrand. Ich beobachtete Pasquale beim Sprechen. Es war eine Art Traurigkeit in seinem Gesicht. Er hatte mit seiner Geschichte aufgehört. Schweigen.

Hast du Geschwister? fragte ich.

Niemanden. Meine Mutter ist bei meiner Geburt gestorben.

Und dein Vater?

Er ist nach Amerika gegangen, und wir haben nie wieder von ihm gehört. Er ist in Amerika verschwunden wie eine Träne im Brunnen, sagt meine Tante.

Wieder Schweigen – nur das Geräusch meiner Gabel in der Schüssel.

Erzähl weiter, sagte ich, weiter.

Ich habe an der Spitze mit dem Entrinden begonnen, und er fing an, bergab zu rollen. Nichts hält einen rollenden Baum auf, nur ein anderer Baum oder ein Felsen. Ich habe gezögert, weil ich um die Maschine Angst hatte. Sie war neu, wir hatten sie gerade erst gekauft. Wenn du zögerst, bist du verloren. Ich bin zu spät gesprungen, weil ich die Maschine über dem Kopf hielt. Ich bin in der Rinne ausgerutscht, sie war steil wie die Seite einer Pyramide. Ich bin dann auf ein paar trockene Felsen unten gerutscht, und die haben mir ein Bein gebrochen.

Konntest du aufstehen?

Die Maschine war nicht verletzt!

Keine Maschine ist ein gebrochenes Bein wert.

So eine Maschine kostet eine halbe Million.

Ein langes Schweigen.

Du konntest nicht aufstehen?

Sie haben mich nach Hause zur Hütte gebracht und auf das Bett gelegt. Vater sagte: Pasquale, kannst du bis morgen warten? Zuerst habe ich nicht verstanden. Worauf warten? Bis wir dich ins Krankenhaus bringen. Das sind vierundzwanzig Stunden, sagte ich. Ich bleibe bei dir sitzen, antwortete er, Schmerzen werden schlimmer, wenn man allein ist. Nein, geh zurück an die Arbeit, habe ich zu ihm gesagt. Am nächsten Tag, Montag, haben sie mich ins Krankenhaus gebracht.

Ich reichte ihm die Schüssel, und er fing an, die Sahne zu essen. Seine riesigen Hände ruhten auf dem Tisch. Beim Essen senkte er den Kopf zum Löffel. Als er fertig war, verzog er das Gesicht und lächelte.

Noch nie habe ich so gute Sahne gegessen, sagte er.

Warum haben sie dich nicht gleich ins Krankenhaus gebracht?

Weil Sonntag war.

Na und?

Sonntags sind wir nicht versichert. Was wir sonntags tun, geht auf eigene Gefahr. Er sah mich sehr ernst an. Wie das, was wir heute tun, sagte er.

Es trat wieder ein langes Schweigen ein, und wir taten nichts.

Wenn du nächsten Sonntag mit deinen Freunden kommst, sagte ich, mache ich einen Kuchen zu der Sahne.

Ein paar Tage später kam Danielle auf den Gedanken, an der Zirbelkiefer vorbei zum Bergkamm oberhalb von Nîmes zu gehen – es wimmelt dort von Blaubeeren – und dann den Geröllhang hinabzusteigen, um Marius zu überraschen, den sie ein oder zwei Wochen vernachlässigt hatte. Sie füllte ihren Eimer mit Beeren, und ihre Finger waren blau befleckt, wie sie es damals immer waren, als sie in der Schule mit Tinte schrieb.

Sie näherte sich der Felskante, um auf Peniel herabzuschauen. Der Himmel war wolkenlos. Es wehte ein kräftigerer Nordwind, der abflauen würde, wenn die Sonne unterging. Die Sonne stand tief am Himmel, so daß die Kühe lange Schatten warfen wie Kamele. Marius war dort, den Hund an seiner Seite. Doch irgend etwas stimmte nicht. Sie spürte es, ohne zu wissen warum. Der Alte schrie, die Arme vor sich zu den Felsbrocken hin ausgestreckt. Warum bewegte der Hund sich nicht? Sie konnte nicht hören, was er schrie, denn sie hatte den Wind im Rücken. Dann ließ der Wind ganz plötzlich nach.

Geräusche, wie auch Entfernungen, sind trügerisch im Gebirge. Manchmal erkennt man eine Stimme, nicht aber die Worte, die die Stimme sagt. Manchmal hört man eine Kuh wie einen Hund knurren und eine ganze Schafherde wie Frauen singen. Was Danielle zu hören meinte, war:

Marius à Sauva! Marius à Sauva!

Die Sonne stand so niedrig, daß sie nur eine Seite eines jeden Berges, eine Seite eines jeden Waldes, eine Seite einer jeden kleinen Erhebung in den Weiden beleuchtete; die andere Seite lag jeweils in dunklem Schatten, als wäre die Sonne schon untergegangen oder noch gar nicht aufgegangen.

Vielleicht befahl er dem Hund, loszulaufen und eine Kuh zurückzuholen, so argumentierte sie für sich, das konnte sich wie *à Sauva* anhören. Doch warum bewegte sich der Hund dann nicht?

Marius à Sauva!

Sie war sich nicht mehr sicher, der Wind hatte wieder zugenommen. Vorsichtig stieg sie den Geröllhang hinab. Zuweilen brachte sie einen Stein oder einen Kiesel ins Rollen, der beim Hinabpoltern andere ins Rollen brachte, und diese wiederum andere. Doch trotz des Lärms, den ihr Abstieg verursachte, blickte Marius nicht ein einziges Mal in ihre Richtung. Es war, als ob einem an diesem Abend in Nîmes alle Geräusche einen Streich spielten.

Der Hund kam herbeigelaufen, um sie zu begrüßen. Sie wartete, daß Marius sie auf die Wange küßte, wie er es immer tat. Er küßte sie und fing an zu reden, als wären sie mitten im Gespräch unterbrochen worden.

Siehst du Guste da drüben – er deutete auf einen stämmigen Charolais-Bullen mit lockigem Fell, wie Wolle – er ist nett, der Guste, der sanfteste Bulle, den ich je gehabt habe, und schon ist er zu alt. Diesen Herbst werde ich ihn zum Schlachten verkaufen. Er ist zweieinhalb. Nächstes Jahr werden seine Kälber zu klein sein.

Du mußt gemeint haben, ich wäre verschwunden, sagte Danielle.

Er zog den Hut und schob ihn dann tiefer in die Stirn.

Nein, nein, sagte er freundlich. Ich höre ihre Motorsägen den ganzen Tag. Und es sind sechs, oder? Bring Comtesse her! Vorsichtig, in Gottes Namen! Hierher!

Er blieb auf einmal stehen und lehnte sich gegen einen großen, moosbedeckten Felsen. Er rieb mit dem Rücken seiner Hand am Moos. Und unser Sommer auf Peniel, sagte er, du wirst ihn in Erinnerung behalten, nicht wahr, Danielle?

Den folgenden Sonntag kamen die Holzfäller nach dem Nachtmahl, um den Blaubeerkuchen zu essen, den Danielle gemacht hatte. Zwei Flaschen italienischen Schaumwein brachten sie mit. Sie waren angezogen, als wollten sie in die Stadt gehen. Dünne spitze Schuhe anstelle von Stiefeln, weiße Hemden, schicke Gürtel. Nur den vernarbten Händen war nicht zu helfen. Virginio war durch die andere Kleidung am meisten verändert: großgewachsen, wie er war, und mit Brille, wirkte er beinahe wie ein Schulrektor. Vater sah älter aus, Pasquale jünger.

Die Tage wurden kürzer, und das Ende des Sommers nahte. Die Weiden waren nun nicht mehr grün, sondern löwenfarben, es gab keine Blumen mehr, jeden Tag kreisten die Bussarde niedriger, und gegen acht Uhr abends war es schon fast dunkel.

Die Männer lagen im Gras und sahen zum Himmel auf, wo die ersten Sterne erschienen. Durch die Hemden hindurch spürten sie die Wärme der Erde.

Mögt ihr noch etwas Kuchen?

Er war so gut.

Ich habe zwei gemacht, antwortete Danielle stolz und ging hinein, um den zweiten zu holen.

Nächste Woche dann der Hubschrauber, sagte Virginio.

Ich hab noch nie gesehen, wie ein Hubschrauber das Holz abholt, sagte der Junge.

Hebt Kiefern hoch wie Streichhölzer.

Du guckst hoch und fühlst dich so klein wie ein Frosch, sagte Alberto, der Sizilianer.

Weißt du, was sie das kostet, einen Hubschrauber für eine Stunde zu mieten?

Keine Ahnung.

Zweihunderttausend. In einer Stunde verbraucht er 200 Liter Benzin.

Hier, Pasquale, nimm deinen Kuchen, sagte Danielle. Die anderen Männer waren kaum zu sehen, doch sie erkannte sie an ihren Stimmen.

Letztes Jahr ist bei Boege ein Hubschrauberpilot ums Leben gekommen.

Sie ließen eine Weinflasche herumgehen.

Hat seine Seile vergessen, nicht nach unten geschaut.

Es ist ihnen gesetzlich verboten, mehr als vier Stunden am Tag zu fliegen, sagte Vater. In vier Stunden können sie achtzig Bäume von einem Berg holen.

Wenn sich eins der Seile verfängt, sagte Alberto und führte es mit den Händen vor, dann zieht es ihn vom Himmel. Pluff!

Im nächsten Jahrhundert machen wir alles am Himmel, sagte der Junge.

Niemand arbeitet mehr so wie wir, im nächsten Jahrhundert.

Pasquale kriegt nächstes Jahr die Kurve, stimmt's?

Ich hab' mich noch nicht entschieden, sagte Pasquale.

Das schaffst du nicht. Du kannst es mit den Supermärkten nicht auf eigene Faust aufnehmen.

Mit Obst und Gemüse geht es, beharrte Pasquale.

Nein, sagte Vater, mit ihren Preisen und ihrer Reklame kannst du nicht mithalten.

Ich werd' meine eigene Reklame machen!

Die anderen Männer lachten. Ein Düsenflugzeug überquerte den Himmel, sie sahen seine Lichter.

Ich werd' mir einen Vogel zulegen, eine blaue Bergdrossel.

Er ist nicht mehr bei Verstand, unser Pasquale!

Man kann einer blauen Bergdrossel das Sprechen beibringen.

Na und?

Jedesmal, wenn ein Kunde in den Laden kommt, fängt der Vogel das Sprechen an. Pasquale sagte einen Verkäuferslogan auf, der, unter den Sternen, eher wie ein Gebet klang:

Guarda quanto è bella 'sta mela
quanto è bellissima e cotta!

Er wandte sich an Danielle und übersetzte die Worte für sie: Schauen Sie sich die schönen Äpfel an, reife wunderschöne Äpfel!

Der Junge kicherte. Eine gute Idee, sagte Vater, aber du mußt dir noch irgendeinen Pfiff einfallen lassen, damit es unvergeßlich wird. Bring deinem Vogel bei, die Kunden zu beleidigen. *Stronzo!* für den Ehemann. *Fica!* für die Frau. Das wird ihnen gefallen, das wird ihnen gefallen in Bergamo.

Bist du sicher?

Ich werd' den Vogel für dich dressieren, sagte der Sizilianer.

Der Mond stieg rechter Hand über St. Pair empor. Sie betrachteten den rosafarbenen Hof, der sich langsam in weißen Nebel verwandelte, und dann plötzlich das knochenweiße Glühen des ersten Mondsegmentes. Danielle ließ sich neben Pasquale im Gras nieder.

Wann kriegst du die Kurve, Vater?

Nächstes Jahr, irgendwann, nie, irgendwann... Ich hab' keine Wahl, ich will nicht tot umfallen.

Der Kopf des Mondes stand jetzt unverdeckt am Himmel, riesig und ganz nah, wie alles Neugeborene.

Weißt du, wer letzten Dienstag tot umgefallen ist? fragte Virginio. Unser Freund Bergamelli – man hat ihm im Gefängnis die Kehle durchgeschnitten.

Wer war's?

Die Roten Brigaden.

Die Schweine!

Bergamelli? flüsterte Danielle.

Ein Verbrecher aus Marseille ... Virginio hat ihn kennengelernt, als er im Gefängnis saß, sagte Pasquale.

Im Mondlicht, das heller leuchtete, je kleiner der Mond wurde, sah Danielle Virginios Gesicht, das auf die Arme gebettet war und zum Firmament emporblickte.

Er hat mich an meinen Vater erinnert, fuhr Virginio fort, Bergamelli hatte dieselbe Wildheit, denselben finsteren Blick, wenn man ihm im Weg war, dasselbe Lächeln, wenn ihm etwas gefiel ... Er ist umgekommen, als ich zwölf war, ist von einem Dach gefallen, mein Vater.

Virginio nahm die Brille ab und starrte den Mond an.

Er war Maurer, dein Vater?

Er hat Schornsteine gebaut ... Am Tag, als sie ihn nach Hause trugen, habe ich mir die Adern an den Handgelenken geöffnet ... sie haben mich zu früh gefunden. Sie brachten mich ins Krankenhaus und ihn auf den Friedhof.

Scheiße! murmelte Alberto.

Von dem Tage an wußte ich etwas, sagte Virginio; in diesem gottverlassenen Leben wird jeder früher oder später einmal im Stich gelassen. Vater hat alles mit mir gemacht. Er hat mir Kochen beigebracht, er hat mir gezeigt, wie man Frösche fängt, Hunderte in einer Nacht, er hat dafür gesorgt, daß ich Schlösser mit einem Dietrich aufmachen konnte, er war mein Musiklehrer, er hat mir von Frauen erzählt, er hat mich, wenn er sich in dem Kaffeehaus neben dem großen Brunnen betrunken hatte, auf den Tisch gestellt und ich habe getanzt, während er sang – und dann eines Mittwochmorgens, trockenes Wetter, nüchterne Woche, sauberes Hemd, gute Stiefel, eines gottverlassenen Mittwochmorgens – pfft! einfach so, da ist er vom Dach gefallen. Ich bin immer wieder hingegangen und habe mir die Stelle angesehen, wo er aufgeschlagen war.

Aus dem Stall kam der gedämpfte Klang von Ziegenglocken. Manchmal des Nachts klingen ihre Glocken ölig, wie das Licht auf der Wasseroberfläche in einem tiefen Brunnen.

Ich kann ihn dort oben sehen. Er kann uns nicht sehen. Wenn wir alle zusammen rufen würden, er könnte uns nicht hören. Die Toten sind für sämtliches Dynamit auf der Welt taub.

Es trat ein langes Schweigen ein, als dächte jeder von ihnen über die Taubheit der Toten nach.

Es ist schlimm, den Vater zu verlieren, sagte der Sizilianer.

Schlimmer als die Mutter zu verlieren?

Wenn du deinen Vater verlierst, dann weißt du, daß keine Wunder mehr geschehen werden.

Ich habe nie irgendwelche Wunder kennengelernt, sagte Pasquale neben Danielle im Gras, mein Vater ist verschwunden wie ein Stein in einem Brunnen, ehe ich ihn kannte ... so habe ich diesen Verlust nie empfunden.

Die Galaxien waren auf Peniel zu sehen, wie sie im Flachland nie zu sehen sind. Mehr noch als Alkohol bringt ihr Schweigen die Menschen zum Reden.

Lebt dein Vater noch, Danielle, fragte der Junge.

Er lebt noch ... Ich kenne ihn nicht, wie Virginio seinen Vater gekannt hat. Er spricht nicht viel mit mir. Alles, was er zu mir sagt, ist: Danielle, du wirst nie so eine Ehefrau sein, wie deine Mutter es war, du bist nicht bescheiden genug, um einen Mann glücklich zu machen, mein Kind.

Vielleicht sieht dich dein Papa nicht so, wie du bist, sagte Pasquale, als wäre jedes seiner Worte ein Knopf, den er durch ein Knopfloch zwängte.

Pasquale muß es ja wissen, erklärte Virginio plötzlich in

fröhlicher Stimmung, denn unser Pasquale hat ja Augen nur noch für dich!

Die Männer, mit Ausnahme von Pasquale, lachten, und der Junge zitierte leiernd:

Guarda quanto è bella 'sta mela
quanto è bellissima e cotta!

Ein paar Tage später stieg ich zum Paß empor in der Absicht, Marius zu besuchen. Ich schaute hinab und sah, wie seine Herde am Bach graste. Dann hörte ich seine Stimme.

Marius à Sauva!

Diesmal gab es keinen Zweifel. Jede Silbe war deutlich, und jede Silbe war zweimal zu hören, da sie vom Tête de Duet zurückschallte. Ich kauerte mich auf den Boden nieder und bedeckte den Kopf mit den Armen, wie man es tut, wenn es in der Nähe blitzt. Mach, daß er kein Wort mehr sagt, betete ich. Mach, daß er still ist.

Marius à Sauva!

Ich kroch auf dem Bauch vorwärts. Er stand drunten bei dem ersten Geröllblock. Die Arme hielt er ausgestreckt.

Für deinen Hang habe ich Beine! schrie er.

Die Worte klangen immer noch wie ein Befehl. Was erwartete er, daß geschehen würde? Was hoffte er, daß sich zwischen den Felsen verändern würde?

Für deinen Hang habe ich meine alten Beine!

Beim ersten Mal hatte er nichts von seinem Alter gesagt. Jetzt schrie er, er sei alt.

Für deinen Gipfel habe ich Augen!

Er bedeckte seine Augen mit den Händen, als weine er.

Das Echo eines jeden Wortes machte das Schweigen, das darauf folgte, um so schrecklicher.

Für deine Bäume habe ich Arme!

Es wäre wie eine Antwort gewesen, wenn sich irgend etwas bewegt hätte. Alles blieb reglos. Sogar ich hielt den Atem an.

Für deine Bäume meine treuen Arme!

Johnny stand ein wenig von Marius entfernt, den Schwanz zwischen den Beinen.

Für deine Last habe ich einen Rücken!

Nicht einmal die Gestalt einer Wolke änderte sich. Der Alte war auf den Knien und sah zur Felswand hinauf.

Um deinen Schlitten zu bremsen, habe ich Fersen!

Er stampfte mit seinen Füßen auf den Boden und lehnte das Gewicht nach hinten, als bringe er einen beladenen Schlitten einen Hang herab.

Um deinen Schlitten zu bremsen, habe ich Fersen und Arschbacken!

Die Kühe grasten friedlich hinter ihm.

Er kletterte auf einen Geröllblock und richtete sich oben auf, gute zwei Meter über dem Erdboden. Beim Anblick seiner winzigen Gestalt auf dem Felsen, die vor den weitläufigen Hängen von Peniel zwergenhaft erschien, wurde mir etwas klar. Marius sprach von seinen Leistungen. Marius gab nicht viel auf die Meinung anderer. Die Dinge, die Marius sein ganzes Leben lang getan hatte, hatte er um ihrer selbst willen getan. Seine Leistung war nicht nur seine Herde von dreißig Kühen. Sie war auch sein Vermächtnis. Alt und allein, fand er für sich jetzt jeden Tag eine Antwort auf die Frage: wozu noch weitermachen?

Niemand gab ihm je darauf eine Antwort. Jeden Tag des Sommers hatte er die Antwort selbst gefunden. Und jetzt, allein, prahlte er damit. Das ist jedenfalls, was ich mir sagte.

Er steckte die Hände in die Hose.

Für deine Grotte habe ich Hoden! Für deine Grotte meine Hoden!

Im Gras waren Herbstkrokusse, die gelben und violetten Blüten geöffnet wie die Schnäbel von Jungvögeln. Ich zerdrückte sie mit der Faust. Ich zerdrückte jeden einzelnen, den ich sah.

Als die Holzfäller an diesem Abend kamen, um sich zu waschen, nahm Danielle Pasquale beiseite und sagte: Ich muß mit dir reden.

Nächsten Sonntag, sagte er.

Nein! beharrte sie. Jetzt! Ich kann hier keinen Tag länger bleiben, wenn ich nicht mit jemandem reden kann.

Pasquale ging zum Trog hinüber und besprach sich mit Vater. Sie hörte, wie sie miteinander Italienisch sprachen. Es dauerte keine fünf Minuten, da trieb Vater schon die anderen an, sich zu beeilen. Auf das Ritual, daß sich einer nach dem anderen vor der Spiegelscherbe die Haare kämmte, wurde verzichtet. Sie nahmen die Säcke auf, sagten Adieu und begaben sich in dem langsamen Trott ihrer gewohnten Müdigkeit zum Wagen. Alberto, der Sizilianer, setzte sich auf den Fahrersitz.

Pasquale blieb zurück und fing an, sich vor der Spiegelscherbe zu rasieren.

Du kannst doch gar nichts sehen, sagte Danielle, warum mußt du dich jetzt rasieren?

Es ist das erste Mal, daß du mich zum Abendessen bittest.

Abendessen, es gibt nur Suppe!

Sie fing an, lautlos zu schluchzen. In den Spiegel spähend, in dem er nichts sehen konnte, bemerkte Pasquale es zunächst nicht. Ihre Reglosigkeit war es schließlich, die ihn in ihre Richtung blicken ließ. Er sah, wie ihre Schultern bebten.

Schhh, sagte er, schhh. Er brachte sie zur Hütte. Eine Gans folgte ihnen. Die Tür stand offen. Drinnen blieb er stehen, da es stockdunkel war und er nichts sehen konnte. Sie führte ihn an der Hand zu einem Stuhl, der an den Tisch herangezogen war, und setzte sich dann selbst auf den Stuhl gegenüber. Sie dachte weder daran, die Lampe anzuschalten noch die Suppe warmzumachen.

Heute nachmittag ist etwas passiert, sagte sie.

Was?

In der tiefen Dunkelheit, die Hände auf dem Tisch, erzählte sie es ihm, ruhig und langsam. Sie erzählte ihm sogar von den Krokussen. Als sie zum Ende gekommen war, herrschte Stille. Sie hörten, wie im Stall eine Kuh pißte, von der Küche durch eine Wand aus Kiefernbrettern getrennt.

Warum nur spricht ein alter Mann so zu den Bergen? flüsterte sie.

Danielle, sagte Pasquale und sprach sehr langsam, jedes Wort wägend, es waren nicht die Berge, zu denen der Alte geschrien hat, es waren nicht die Berge, denen er sich Stück für Stück angeboten hat, du bist es gewesen, und du weißt es, du weißt es, nicht wahr?

Sie fing wieder an zu schluchzen, und aus dem Schluchzen wurde Heulen. Sie stand auf, um nach Atem zu ringen und lauter zu heulen. Pasquale tastete sich um den Tisch herum und nahm sie in die Arme. Sie drückte ihr Gesicht, so fest sie konnte, an seine Brust. Sie biß in sein Hemd, das nach Harz und Schweiß schmeckte. Sie biß ein Loch hinein.

Pasquale hatte am Handgelenk eine Armbanduhr mit Wecker. Von der ließ er sich um halb fünf wecken. Er wollte nicht, daß die anderen an der Hütte vorbeikamen, um ihn zu holen, denn er wußte, daß sie ihr Gelächter noch nicht verstehen würde. Er küßte sie mehrmals, tastete am Fußboden nach Stiefeln und Kleidern und schlüpfte hinaus, um sich auf der Wiese anzuziehen, wo sie immer den Mercedes abstellten.

* * *

Wenn man heute durch Bergamo fährt und die Straße nach Norden Richtung Zogno nimmt, stößt man am Stadtrand, wo der Bürgersteig nicht mehr gepflastert ist und die Straße von Telegraphenmasten gesäumt wird, gegenüber einer AGIP-Tankstelle und neben einem Hof, wo Männer Reifen reparieren, auf einen Laden mit einem Schild, auf dem VERDURA E ALIMENTARI steht. Wenn es Winter ist, dann wird man drinnen Pasquale antreffen, der einen bedient. Er wiegt das Gemüse auf der Waage mit der Sorgfalt und Präzision des Heiligen Petrus. Er sieht beschäftigt und stolz aus.

Danielles Baby war ein Mädchen, das sie auf den Namen Barbara tauften. Auf dem Ödland hinter dem Laden hat Pasquale an einer Platane eine Schaukel befestigt, wo Barbara manchmal mit ihren Freundinnen spielt. Die Männer in dem Reifenhof nennen Barbara ihre *Uccellina*, ihr Vögelchen.

Wenn es Sommer ist, wird man Pasquale nicht sehen, denn da er all seine Ersparnisse für den Laden ausgegeben hat, ist er wieder gezwungen, als Holzfäller in den Bergen auf der anderen Seite der Grenze zu arbeiten. Wenn er fort ist, schreibt er Danielle meistens am Sonntag und berichtet, wie viele Bäume sie gefällt haben und wie das Wetter ist. Danielle spricht mit den Kunden im Laden Italienisch, wenn auch mit einem merklichen französischen Akzent. Sie ist eleganter gekleidet als viele von ihnen und trägt große goldfarbene Ohrringe. Sie erwartet wieder ein Baby.

An der Wand bei der Tür hängt ein Vogelkäfig. Der Vogel ist schwärzlich, eine blaue Bergdrossel mit einem gelben Schnabel und Augen wie Zechinen. Immer, wenn ein Kunde in den Laden kommt, krächzt die blaue Bergdrossel eine der Beleidigungen, die Pasquale ihm beigebracht hat. Sie kann zwischen Männern und Frauen unterscheiden, so daß die Beleidigung auch paßt. Die Kunden würden sie schon vermissen, wenn sie nicht mehr da wäre. Manchmal erwidert ein Kunde die Worte des Vogels, als wäre er ein Leidensgenosse, und flucht auf Männer oder Frauen oder die Regierung oder Geistliche oder Rechtsanwälte oder das Finanzamt oder das Wetter oder die Welt. Und manchmal, wenn sie niemand beachtet oder sie mit Nüssen füttert, blinzelt sie mit ihren Zechinenaugen und wiederholt langsam einen Satz, dessen Akzent und Tonfall aus einer anderen Sprache stammt, von der Stimme eines anderen Lehrers.

Marius à Sauva! Marius à Sauva …

In dem kleinen Gemüseladen sind Geräusche alles andere als trügerisch.

Einst IN EUROPA

»Ehe der Mohn blüht, ist seine grüne Knospe hart wie die äußere Schale einer Mandel. Eines Tages wird diese Schale aufgesprengt. Drei grüne Splitter fallen zur Erde herab. Es ist kein Beil, das sie aufsprengt, sondern einfach eine zusammengeballte Kugel gefalteter, membrandünner Blütenblätter, wie Lappen. Wenn sich die Lappen entfalten, wechselt ihre Farbe von neugeborenem Rosa zum unverschämtesten Scharlachrot, das sich auf den Feldern findet. Es ist, als wäre die Kraft, die die Knospe sprengt, das Bedürfnis dieses Rots, sichtbar und gesehen zu werden.«

Die ersten Geräusche, an die ich mich erinnere, sind die Fabriksirene und das Rauschen des Flusses. Die Sirene ertönte nur sehr selten, und wahrscheinlich erinnere ich mich deshalb an sie: sie wurde nur im Falle eines Unglücks in Gang gesetzt. Es folgten immer Rufe und das Geräusch laufender Männer. An das Rauschen des Flusses erinnere ich mich, weil es die ganze Zeit gegenwärtig war. Es war lauter im Frühling, es war ruhiger im August, doch es hörte niemals auf. Wenn im Sommer die Fenster offenstanden, hörte man es im Haus; im Winter, wenn Vater die Doppelfenster eingesetzt hatte, hörte man es drinnen nicht, doch man hörte es, sobald man hinausging, um zu scheißen oder Holz für den Ofen zu holen. Auf meinem Schulweg ging ich neben dem Rauschen des Flusses her.

In der Schule lernten wir, eine Karte des Tales zu zeichnen, und der Fluß wurde blau gemalt. Er war niemals blau. Manchmal hatte die Giffre die Farbe von Kleie, manchmal war sie grau wie ein Maulwurf, manchmal war sie milchig, und gelegentlich, aber sehr selten, so selten wie die Unfallsirene, war sie durchsichtig, und man konnte jeden Stein im Flußbett sehen.

Hier gibt es nur das Geräusch des Windes in der Plane, die über uns flattert.

Einmal sagte meine Mutter zu mir, ich solle auf meine Cousine Claire aufpassen, die noch ein Baby war. Sie ließ uns im Garten allein. Ich fing an, Schnecken zu sammeln, und ich vergaß Claire, als ich dem Pfad hinab zum Fluß hinter den Hochöfen folgte. Als meine Mutter zurückkam, fand sie meine kleine Cousine allein in der Wiege unter den Pflaumenbäumen.

Der Adler hätte kommen können! schrie sie, und ihr die armen Augen aushacken!

Sie befahl mir, Brennesseln zu pflücken, und stand über mir, während ich es tat. Ich weiß noch, wie ich versuchte, meine Finger zu schützen, indem ich mir die Ärmel meines Pullovers über die Hände zog. Das Bündel Brennesseln, das ich gepflückt hatte, lag auf der Bank neben dem Wasserhahn vor der Tür und wartete auf die Rückkehr meines Vaters.

Du mußt Odile bestrafen, sagte meine Mutter zu ihm, als er kam, und sie reichte ihm ein Tuch, damit er die Brennesseln halten konnte. Sie zog mir den Kittel hoch. Ich trug nichts darunter.

Vater stand da, reglos wie ein Pfosten. Dann nahm er die Brennesseln, hielt sie unter den Hahn und drehte das Wasser an.

So wird es weniger weh tun, sagte er. Überlaß sie nur mir.

Meine Mutter ging ins Haus, und mein Vater schleuderte das Wasser von den Brennesseln auf meinen Hintern. Nicht eine Nessel berührte mich. Darauf hat er geachtet.

Ich dachte, ich würde Angst haben, aber ich habe keine. Schon als kleiner Junge war er ein Sohn, auf den ich mich verlassen konnte. Christian hat niemals verrückte Sachen gemacht wie die anderen, und er hat mich nie beunruhigt. Er hat viel von seinem Vater. Solange ich lebe, werde ich niemals vergessen, wie er sich seinen ersten Schnurrbart stehen ließ. Ich konnte mich nicht zurückhalten und rief, wie sehr er seinem Vater ähnlich sehe. Das Verrückteste, das Christian jemals getan hat, war vielleicht, mich hier heraufzubringen. Bist du sicher, daß du bereit bist, Mutter? Ja, mein Junge, habe ich geantwortet. Und er verzog sein Gesicht, als habe er Schmerzen. Vielleicht hat er gelacht.

Dreitausend Meter über der Erde – er hat gesagt, er könne bis fünftausend hinaufgehen, ich weiß nicht, ob er nur angeben wollte – mit nichts als Luft zwischen uns und dem, was wir unten sehen können, und ich habe keine Angst! Im Moment, wo unsere Füße den Boden verließen, war der Wind da. Der Wind hält uns oben, und ich fühle mich sicher, ich fühle mich – ich fühle mich wie ein Wort im Atem einer Stimme.

Es gab ein Rätsel, das ich als Kind gern hatte: Viere zeigen gen Himmel, Viere gehen im Tau, und Viere bieten Nahrung; alle Zwölfe sind eins – was ist das?

Eine Kuh! antwortete Régis, mein älterer Bruder, und seufzte laut, um zu zeigen, daß er das Rätsel schon viele Male zuvor gehört hatte.

Odile, wieso ist das eine Kuh? fragte der arme Emile, der jüngere meiner Brüder. Die Menschen würden Emile sein ganzes Leben lang ausnutzen. Seine Trägheit war nicht so sehr eine Sünde als vielmehr eine Krankheit. Mir gefiel es jedesmal, daß Emile sich an das Rätsel nicht erinnerte, weil es mir Gelegenheit gab zu erklären.

Eine Kuh hat zwei Hörner, zwei Ohren, die nach oben zeigen, vier Füße zum Gehen und vier Zitzen!

Sechs Zitzen! rief Régis.

Vier mit Milch drin!

Mutter redete Régis zu, bei den Hochöfen Arbeit anzunehmen, denn sie machte sich Sorgen um Emile; für Emile würde es schwer werden, irgendwo eine Arbeit zu finden, und so hatte es mehr Sinn, wenn Emile derjenige war, der bei Vater zu Hause blieb.

Vater war dagegen, daß einer seiner Söhne in der Fabrik arbeitete. Régis täte besser daran, nach Paris zu gehen, wie es Männer seit Menschengedenken getan hätten. Lange vor dem Eiffelturm, lange vor dem Arc de Triomphe, lange vor den Fabriken, seien sie nach Paris gegangen, um Öfen zu warten und Schornsteine zu kehren, und im Frühling seien sie zurückgekehrt mit Geld im Portemonnaie und stolz auf sich! Niemand könne stolz auf seine Arbeit sein – dort! Vater zeigte mit dem Daumen aus dem Fenster.

Die Zeiten ändern sich, Achille, das vergißt du.

Vergessen! Erst versuchen sie, uns unser Land wegzunehmen, dann wollen sie unsere Kinder. Und wozu? Um ihr Mangan zu produzieren. Wozu brauchen wir Mangan?

Wenn Vater draußen auf den Feldern war, sagte Régis: Er weiß gar nicht, was für einen dummen alten Mann er abgibt, wenn er seine armseligen Kühe viermal am Tag durch einen Fabrikhof treibt!

Wir sind über der Fabrik. Wenn wir nach Norden abdrehen, kann ich die Rauchgase riechen.

Eines Nachts ging ich hinaus, um den Hühnerstall zuzumachen, und da fand ich Vater beim Birnbaum, wie er zum Himmel hinaufstarrte und zu den Flammen, die aus der Spitze des höchsten Schornsteins schlugen, fast halb so hoch wie die Felswand dahinter.

Schau, Odile, flüsterte er, schau! Es ist wie eine schwarze Viper, die auf ihrem Schwanz steht – siehst du ihre Zunge?

Ich sehe die Flammen, Papa, in manchen Nächten sind sie blau.

Gift! sagte er. Gift!

Immer, wenn ich in die Nähe der Fabrik kam, sah ich den Staub. Er hatte die Farbe von Rindsleber, nur war er nicht feucht und glänzend, sondern eine Art trockener Sand: er war wie getrocknete, zu Staub pulverisierte Leber. Das große Gebäude war höher als alle Kiefern, und wenn einer der Hochöfen geöffnet wurde, verursachte die heiße Luft beim Aufsteigen eine Strömung, so daß droben bei den obersten Eisenträgern ein Luftzug den Staub von allen Verstrebungen blies und man eine schwebende Wolke sah, die wie ein roter Schleier das Dach verbarg. Ich fand diesen Staub erstaunlich und faszinierend. Er tönte die Haare aller Männer, die keine Kopfbedeckung trugen, hell kastanienbraun.

Die Männer, die in der Fabrik arbeiteten, rochen nach Schweiß, einige von ihnen nach Wein oder Knoblauch, und alle nach etwas Staubigem und Metallischem. Wie der Geruch des Bleis in einem Stift, wenn er angespitzt wird. Für meine Arbeit in der Schule hatte ich einen Bleistiftanspitzer in Gestalt eines Globus, der so klein war, daß man die Länder nicht erkennen konnte, nur den Unterschied zwischen Land und Meer.

Weiß das Zeichenblatt der Welt drunten. Darauf die Kritzeleien dessen, was ich als Kind kannte, wie die Spuren winziger Tiere im Schnee. Niemand anderer könnte sie hier lesen. Ich sehe das Dach, den Birnbaum neben dem Scheißhaus, den Kuhstall, in dem wir Holz aufbewahrten, mit Bienenkörben auf dem Balkon – die Wanne, in der ich für Mutter Laken wusch, ist mit Schnee gefüllt, denn es ist keine Spur davon zu sehen – den Garten unterhalb der Fenster, den kleinen Obstgarten, und drum herum, wie der Fußboden um einen Katzennapf, das Fabrikgelände. Jedes Jahr kam ein Mann in die Schule, um uns Kindern zu erklären, warum die Fabrik dort erbaut worden war, wo sie stand, und warum sie der Stolz der Gegend war. Leute kämen sogar aus New York, sagte er, um sie zu besichtigen! Dann zeichnete er auf der Tafel den Flußverlauf nach. Seiner war weiß auf schwarz, und der dort unten ist schwarz auf weiß. Der Fluß geht durch die Fabrik. Die Fabrik hockt auf dem Fluß wie eine Frau, die pißt. Das hat er allerdings nicht gesagt.

Gegen Anfang des Jahrhunderts, so erzählte er den Schulkindern, träumten die Menschen überall auf der Welt von einer neuen Kraft, und das war die Kraft der Elektrizität! Diese neue Kraft war in unseren Bergen, in ihren weißen Wasserfällen verborgen. Sie nannten die Wasserfälle Weiße Kohle! Er vereinfachte es für uns an der Tafel. Ingenieure kanalisierten das Wasser in gußeisernen Röhren, die zwei Meter Durchmesser hatten. Sie ließen das Wasser, das nun gefangen war, senkrecht hinabfallen, bis es einen Druck von 100 Kilo pro Quadratzentimeter erreichte, und mit diesem Druck trieb das Wasser unserer Wasserfälle riesige Räder in Turbinen an, die mit ihren Umdrehungen neun Millionen Kilowatt Elektrizität pro Stunde erzeugten. Der Anfang der elektrischen Metallverarbeitung in Europa! rief er. *Vive la République*!

Nachdem er seine Arbeit verrichtet hatte, kehrte der Fluß wieder in sein Bett zurück und setzte seinen Weg zum Meer fort. Gehen die Fische durch die Turbinen? fragte ein Kind. Nein, nein, Kleines, antwortete der Mann. Warum nicht? Wir haben Filter.

Unser Haus hatte drei Zimmer. Die Küche, wo sich alles abspielte und ich meine Hausaufgaben machte. Die Stube, wo meine beiden Brüder schliefen. Und das dritte Zimmer, wo meine Eltern und ich schliefen. Im Sommer, nachdem wir das Heu eingebracht hatten, schliefen meine Brüder manchmal gern in der Scheune. Dann zog ich in die Stube um und schlief dort allein. Dem Bett gegenüber hing ein Spiegel mit schwarz geflecktem Glas. Wenn ich nicht schlafen konnte, lag ich da und sprach mit mir selbst. Ich sprach mit meinem kleinen Finger. Was war am Anfang? fragte ich. Stille. Ehe Gott die Welt erschuf und es keine Erde gab und kein Mangan und keine Berge, was war da? Der Finger wackelte. Wenn du eine Spinne auf einem Tisch siehst und sie herunterwischst, dann ist immer noch der Tisch da, wenn du den Tisch hinausträgst, sind immer noch die Bodenbretter da, wenn du die Bodenbretter herausreißt, ist immer noch die Erde da, wenn du die Erde wegkarrst, ist immer noch ein Himmel mit Sternen auf der anderen Seite der Welt da, was also war am Anfang? Der Finger gab keine Antwort, und da biß ich ihn.

Von der Höhe aus gesehen, wo ich jetzt bin, sieht Vaters Weigerung, seinen Hof an die Fabrik zu verkaufen, absurd aus. Wir waren umringt. Jedes Jahr war Vater gezwungen, seine Kühe durch einen immer größeren Fabrikhof über immer mehr Eisenbahngleise zu treiben. Jedes Jahr wuchsen die Schlackenhalden höher und verbargen das Haus und sein kleines Anwesen wirksamer gegen die Straße und seine eigenen Weideflächen auf der anderen Seite des Flusses hin. Erst verdoppelten und dann verdreifachten die Besitzer den Preis, den sie ihm zu zahlen bereit waren. Seine Antwort blieb dieselbe. Mein Erbteil steht nicht zum Verkauf. Später versuchten sie, ihn mit juristischen Mitteln zu vertreiben. Er sagte, er würde ihre Büros mit Dynamit in die Luft jagen. Jetzt bedeckt alles der Schnee.

Meine Aufgabe war es, die Kaninchen zu füttern. Zu Frühlingsanfang war es Löwenzahn. Vater sagte, es gebe kein anderes Tal auf der Welt mit soviel Löwenzahn wie das unsere. Löwenzahnmillionäre, so nannte er uns. Kaninchen fressen mit solch einer Ungeduld, als fräßen sie sich zum Leben durch! Wie ihre Kiefern die Löwenzahnblätter mümmelten, das war das Schnellste, was ich je gesehen hatte, und ihre Nasen zitterten so schnell, wie ihre Kiefer mümmelten.

Es gab einen schwarzen Kaninchenbock, den ich haßte. Er hatte etwas Böses in seinen Augen. Er wartete immer, bis er seine böse Phase bekam, und dann biß er mich mit seinen Zähnen, mehr als einmal. Mutter betäubte die Kaninchen, hängte sie an den Hinterbeinen auf und stach ihnen mit einem Messer die Augen aus, so daß sie verbluteten. Wenn sie das tat, so geschah es immer an einem Freitag, weil ein Kaninchen, im Ofen mit Senf gebraten, ein Festmahl war, das am Sonntag gegessen wurde, wenn die Männer am Tisch bleiben und nach dem Essen *gnôle* trinken konnten und nicht zur Arbeit gehen mußten.

Du kannst zwei Liter Cidre trinken und keinen Tropfen pissen – es kommt alles als Schweiß heraus, Achille, mein Junge, bei den Hochöfen.

Ich versuchte, Mutter zu überreden, das schwarze Kaninchen zu töten. Unser einziger großer Bock, sagte sie. Schließlich briet sie ihn doch. Zu meiner Überraschung konnte ich keinen Bissen essen. Sie brütet wohl irgendeine Krankheit aus, sagte Vater. Ich konnte nicht essen, weil ich unablässig daran denken mußte, wie sehr ich ihn haßte.

Im Moment, wo der Schnee verschwand, fing Mutter an, Vater zu triezen. In Pessy graben sie schon ihre Gärten um, rief sie jedesmal. Es ist zu früh zum Pflanzen, sagte er dann, ohne von seiner Zeitung aufzublicken, die Erde ist nicht warm genug. Wir sind immer die letzten! klagte sie. Und unser Blumenkohl letztes Jahr? Mein Blumenkohl war so groß wie Eimer, rühmte er sich.

Papa brauchte drei Tage, um die Erde im Garten umzugraben und den Mist unterzuziehen. Ich half ihm, indem ich den Mist von der Schubkarre ablud. Die Fliederbäume standen in Blüte, und ein Kuckuck sang im Wald oberhalb der Fabrik. Es war so heiß wie im Juni. Vater hatte die Hemdsärmel hochgekrempelt, und wenn es ihm zu heiß wurde, nahm er die Mütze ab und wischte sich den kahlen Kopf, doch war er nicht dazu zu bringen, seine schwarze Kordjacke auszuziehen. Jedes Frühjahr sagte er dasselbe: Mach es umgekehrt wie der Walnußbaum! Ich wußte die Antwort auf sein Rätsel: Der Walnußbaum verliert als erster die Blätter und wird als letzter grün.

Der Garten war fast umgegraben. Die braune Erde war geharkt und trocknete in der Sonne. Bald würden die ersten grünen Triebe in geraden, makellosen Reihen erscheinen, denn wie wir in der Schule Bleistiftlinien in unsere Hefte zeichneten, auf die wir unsere Worte schrieben, so machte Mutter auf der Erde mit einem Faden eine Linie, wenn sie ihre Samenreihen säte.

Meine Forke hatte drei Metallzacken wie jede andere Mistforke, doch der hölzerne Stiel war kürzer, so daß ich leichter damit umgehen konnte. Vater hatte sie für mich gemacht. Das ganze Jahr über lehnte sie beim Wasserhahn im Stall an der Wand, griffbereit für mich, damit ich ihm nach dem Abendmelken beim Ausmisten helfen konnte, wenn ich meine Hausaufgaben gemacht hatte.

Er hatte oft an meiner Handschrift etwas auszusetzen, und es stimmt, sie war nicht so gut wie seine. Er schrieb mit Schleifen und Schnörkeln, als bestünde das ganze Wort aus einem einzigen Stück Faden.

Der Regen auf der Fensterscheibe kann das besser, schreib es noch einmal, Odile!

Im Garten streckte er den Rücken, schaute mich durchtrieben an und sagte: Wenn du heiratest, Odile, dann heirate keinen Mann, der trinkt.

Es gibt keinen Mann, der nicht trinkt! sagte ich.

Bring mir ein Glas Cidre aus dem Keller, so forderte er mich dann auf, von dem Faß rechts.

Er trank den Cidre langsam und blickte dabei zu den Bergen hin, auf denen noch Schnee lag.

Odile, ich gäbe viel darum, den Mann zu sehen, den du mal heiratest.

Du wirst ihn schon sehen, Papa.

Er schüttelte den Kopf und gab mir das Glas zurück. Nein, Odile, den Mann, den du heiratest, werde ich niemals sehen.

Er sagte es lächelnd, doch konnte ich es nicht ertragen, daß er das sagte. Ich konnte das Stille dessen, was es bedeutete, nicht ertragen. Ich sagte das erste, was mir in den Sinn kam: Ich heirate keinen Mann, den ich nicht liebe, und wenn ich ihn liebe, dann wird er mich lieben, und wenn wir einander lieben... wenn wir einander lieben, werden wir Kinder haben, und ich werde zu viel zu tun haben, um zu merken, ob er trinkt, Papa, und wenn er zu oft zu viel trinkt, werde ich ihm Cidre aus dem Keller holen, so viele Gläser, daß er in der Küche einschläft und ich ihn zu Bett bringe, sobald die Kühe gefüttert sind.

Die Baracken drunten sind kaum sichtbar im Schnee. Ich erkenne sie dennoch, weil aus einem Schornstein blauer Rauch aufsteigt. Eine Frau überquert den Steg über den Fluß. Die Baracken lagen drei Minuten zu Fuß von der Fabrik entfernt – genauso weit wie unser Haus in der entgegengesetzten Richtung. Von unserem Haus bis zum Steg waren es fünf Minuten zu Fuß. Drei, wenn ich lief. Mutter schickte mich oft zu dem Laden bei den Baracken, um Senf oder Salz zu kaufen oder sonst etwas, das sie vergessen hatte. Ich ging bis zum Steg, und dann lief ich. Zu welcher Tageszeit auch immer, die Männer, die dort wohnten, riefen und winkten mir jedesmal zu. Sie arbeiteten in Schichten, und von denen, die nicht arbeiteten oder schliefen, wuschen immer einige ihre Kleider auf der Wiese oder machten sich Essen an einem offenen Fenster oder bastelten an einem alten Auto in der Hoffnung, es wieder flottzubekommen. Im Winter machten sie draußen Feuer und brühten sich Tee auf und rösteten Eßkastanien. Es war ihnen verboten, im Fluß zu angeln.

Wenn ich zu laufen aufhörte, streckten sie die Arme aus und grinsten und versuchten, mir den Kopf zu tätscheln. Ich war jedesmal erleichtert, wenn ich über den Steg zurück auf unsere Seite kam. Vater sagte, die Gesellschaft habe die Baracken zur Unterbringung von hundert Männern gebaut, sobald die Fabrik fertiggestellt war. Die Gesellschaft wußte, daß man nicht mehr als zwei- oder dreihundert ortsansässige Arbeiter finden würde, und so sah man von Anfang an voraus, daß man Fremde brauchen würde. Jeder Mann, der in den Baracken untergebracht war, hatte seine eigenen Geheimnisse. Drei, vier, vielleicht mehr. Undurchdringlich und unnennbar. Sie drehten diese Geheimnisse in ihren Händen, wickelten sie in Papier, warfen sie in den Fluß, verbrannten sie, schnitzten mit ihren Messern daran herum, wenn sie sonst nichts zu tun hatten. Hunderte von Geheimnissen. Wir im Dorf auf unserer Seite des Flusses hatten nur vier. Wer hat Lucie Cabrol umgebracht, um an ihr Geld zu kommen? Wo oberhalb von Peniel ist der Eingang zu der ausgedienten Goldmine? Was geschieht bei der Beerdigung des Bräutigams, ehe man ihn in seinen Sarg legt? Wer hat »Das Murmeltier«, Michels Onkel, verraten, nach der Versammlung am Fabriktor? Nur vier Geheimnisse. Die in ihren Schuppen jenseits des Flusses hatten Hunderte.

Von hier sehen Fluß, Haus, Fabrik, Steg allesamt wie Spielzeug aus. So war es in der Kindheit, Odile Blanc.

An einem sengenden Julitag 1950 kam Mademoiselle Vincent, die Rektorin der Schule, zu unserem Haus. Ich versteckte mich im Stall. Sie trug einen Hut, dessen Krempe so breit war wie ihre Schultern; er war silbergrau, und ein rosafarbenes Satinband war darum gebunden.

Merde! sagte Vater. Es ist die Schullehrerin. Schau, Louise!

Ich werd' mich hinausschleichen, Achille, sagte Mutter.

Ich bin gekommen, um mit Ihnen über Ihre Tochter zu sprechen, Monsieur Blanc.

Geht's mit ihr nicht gut in der Schule? Setzen Sie sich doch, Mademoiselle Vincent.

Im Gegenteil, ich bin gekommen, um Ihnen zu sagen –

sie kratzte sich die heiße sommersprossige Schulter – im Gegenteil, ich bin gekommen, um Ihnen zu sagen, wie gut Ihre Odile ist.

Nett von Ihnen, den ganzen Weg bis hierher zu machen, um uns das zu sagen. Einen Kaffee?

Vater goß Kaffee in eine Tasse, nahm die Mütze ab und setzte sie weiter hinten auf den Kopf zurück.

Sie ist niemals schwierig gewesen, unsere Odile, oder, sagte er.

Odiles Intelligenz –

Ich weiß nicht, wie Sie das sehen, Mademoiselle Vincent, aber so, wie ich es sehe, ist Intelligenz nicht –

Sie ist eine sehr vielversprechende Schülerin.

Warten Sie noch ein oder zwei Jahre, sie ist doch erst dreizehn, sagte Vater. In ein oder zwei Jahren wird das Vielversprechende – nehmen Sie Zucker?

Gerade, weil sie dreizehn ist, müssen wir über die Dinge jetzt entscheiden, Monsieur Blanc.

Nicht einmal zu meinen Zeiten, sagte Vater, hat man vor sechzehn geheiratet!

Ich möchte Ihnen vorschlagen, Monsieur Blanc, daß wir Odile nach Cluses schicken.

Sie haben doch gesagt, sie macht keine Schwierigkeiten, Mademoiselle. So habe ich das jedenfalls verstanden, was für Schwierigkeiten gibt es?

Mademoiselle Vincent nahm ihren Hut ab und legte ihn auf ihren Schoß. Ihr ergrauendes Haar war ein wenig feucht und klebte an den Schläfen.

Keine Schwierigkeiten, sagte sie langsam, ich möchte, daß sie um ihretwillen nach Cluses geht.

Wie um ihretwillen?

Wenn sie hierbleibt, fuhr Mademoiselle Vincent fort,

wird sie nächstes Jahr die Schule verlassen. Wenn sie nach Cluses geht, kann sie weitermachen bis zum Einjährigen. Lassen Sie sie nach Cluses gehen. Sie fächelte sich mit einem kleinen Heft, das sie aus ihrer Handtasche genommen hatte, Luft zu.

Sie würde dort wohnen müssen? fragte Vater.

Ja.

Haben Sie es ihr gegenüber erwähnt?

Nicht, ohne mit Ihnen zu sprechen.

Er zuckte die Schultern, sah auf das Barometer, sagte nichts.

Mademoiselle Vincent stand auf, den Hut in den Händen.

Ich habe gewußt, daß Sie es vernünftig finden würden, sagte sie und bot ihm ihre Hand wie ein Geschenk.

Ich sah durch die Stalltür zu.

Hat nichts mit Vernunft zu tun! brüllte Vater. Um Himmels willen! Hat nichts mit Vernunft zu tun. Er hielt inne, lachte kurz auf und beäugte Mademoiselle Vincent anzüglich. Sie ist die letzte Sünde eines alten Mannes – ich weiß nicht, ob Sie das verstehen können, Mademoiselle – seine letzte Sünde.

Es wird recht viel Arbeit bedeuten, sagte sie.

Drängen Sie sie nicht zu sehr, sagte Vater, das wird gar nichts ändern. Eines Tages werden Sie sehen, daß ich recht gehabt habe. Odile wird verheiratet sein, ehe sie achtzehn ist. Mit siebzehn wird sie verheiratet sein.

Das können wir nicht wissen, Monsieur Blanc. Ich hoffe, sie macht bis zum Examen weiter.

Ex und Amen! Sie sehen Odile als Schullehrerin?

Das könnte sie werden, sagte Mademoiselle Vincent.

Nein, nein. Sie ist zu unordentlich. Um Lehrerin zu sein, muß man sehr ordentlich sein.

Ich bin nicht sehr ordentlich, sagte Mademoiselle Vincent, nehmen Sie mich als Beispiel, ich bin nicht sehr ordentlich.

Sie haben eine schöne Stimme, Mademoiselle, wenn Sie singen, machen Sie die Menschen glücklich. Das gleicht vieles aus.

Sie sind ein Schmeichler, Monsieur Blanc.

Sie wird niemals Lehrerin werden, die Odile, sie ist zu ... er zögerte. Sie ist zu – zu erdverbunden.

Komisch, daß ich jetzt hier am Himmel an diese Worte denken muß.

Zweimal in meinem Leben habe ich Heimweh gehabt, und beide Male war es in Cluses. Das erste Mal war es am schlimmsten, denn da hatte ich noch nichts Schlimmeres als Heimweh durchgemacht. Es hat etwas mit dem Leben zu tun, das Heimweh, nicht mit dem Tod. Das erste Mal in Cluses kannte ich diesen Unterschied noch nicht.

Die Schule war ein fünfstöckiges Gebäude. Ich war an Treppen nicht gewöhnt. Ich vermißte den Geruch der Kühe, und Papa, wie er das Feuer ausstocherte, Maman, wie sie ihren Nachttopf leerte, und wie jeder in der Familie etwas anderes tat und jeder wußte, wo die anderen waren, Emile, wie er mit dem Radio spielte und wie ich ihn anschrie, ich vermißte den Kleiderschrank, in dem meine und Mamans Kleider durcheinanderhingen, und die Ziege, wie sie mit den Hörnern gegen die Tür stieß.

Seit ich zurückdenken konnte, hatte immer jeder gewußt, wer ich war. Man nannte mich Odile oder Blancs Tochter oder Achille's Jüngste. Wenn jemand nicht wußte, wer ich war, genügte eine einzige Antwort auf eine einzige Frage, um mich einzuordnen. Ach, ja! Dann mußt du Régis' Schwester sein. In Cluses war ich für jeden eine Fremde. Mein Name war Blanc, der mit einem B anfing, und so war ich auf der alphabetischen Liste ganz weit oben. Ich war immer unter den ersten zehn, die aufstehen oder im Gänsemarsch gehen mußten.

Dort in der Schule lernte ich, Worte als etwas anzusehen, das an eine Tafel geschrieben wurde. Wenn ein Mensch flucht, dann kommen die Worte aus seinem Körper wie Scheiße. Und als Kinder haben wir die ganze Zeit so gesprochen – außer wenn wir mit Worten Fallen stellten. Adam und Eva und Zwickmich gingen zum Fluß hinab, um zu baden, Adam und Eva ertranken, wer meinst du, wurde gerettet? In Cluses habe ich gelernt, daß Worte zum Schreiben gehören. Wir benutzten sie; doch gehörten sie nie ganz uns.

Eines Abends kehrte ich nach der letzten Stunde ins Klassenzimmer zurück, um ein Buch zu holen, das ich vergessen hatte. Die Französischlehrerin saß an ihrem Tisch, hatte den Kopf in den Händen vergraben und weinte. Ich traute mich nicht näherzukommen. An der Tafel hinter ihr, ich weiß es noch genau, stand die Konjugation des Verbs *fuir*.

Wenn mich 1952 jemand gefragt hätte: Welcher Ort läßt dich am ehesten an Männer denken? dann hätte ich nicht gesagt, die Fabrik, ich hätte nicht gesagt, das Kaffeehaus gegenüber der Kirche, wenn es eine Beerdigung gab, ich hätte nicht gesagt, der Viehmarkt im Herbst, ich hätte gesagt: ein Waldrand! Nimm all die Ränder von all den Wäldern und Dickichten im Tal und setze sie wie zu einem Wandschirm aneinander, und du hättest einen Fries von Männern! Einige mit Gewehren, einige mit Hunden, andere mit Motorsägen, ein paar mit Mädchen. Ich hörte ihre Stimmen von der Straße drunten. Ich betrachtete sie, die

Schlankheit der jüngeren, und wie ihre karierten Hemden locker heraushingen, ihre Stiefel, und wie sie ihre Hosen trugen, und die Ausbuchtungen, die sich gleich unter ihren Gürtelschnallen wölbten. Ihre Gesichter bemerkte ich nicht, ich machte mir nicht die Mühe, ihnen Namen zu geben. Wenn einer von ihnen mich bemerkte, lief ich immer davon. Ich wollte kein Wort sagen und mich ihnen nicht nähern. Beobachten war völlig genug, und sie beobachtend wußte ich, wie die Welt beschaffen war.

Bring dieses Brot zu Régis, sagte Mutter. Wenn es so stark friert, dringt einem die Kälte bis in die Knochen, und ein Mann braucht sein Essen bei solchem Wetter.

Sie reichte mir den Laib. Ich lief so schnell ich konnte zur Fabrik; überall war Eis, und ich mußte vorsichtig gehen. Alles war eingefroren – Eisenbahnweichen, Schlösser, Fensterrahmen, Radfurchen, die Felswand hinter der Fabrik war mit Eiszapfen behangen, nur der Fluß bewegte sich noch. Beim Tor rief ich den ersten Mann, den ich erblickte, er hatte blutunterlaufene Augen und sprach mit einem starken spanischen Akzent.

Régis! Großer Ehrenmann! rief er und ließ den Daumen emporschnellen. Ich wartete am Einlaß ein paar Minuten und stampfte mit den Füßen, um sie warm zu halten. Als Régis kam, war Michel bei ihm. Sie waren in derselben Klasse gewesen: Abschluß '51. Sie hatten ihren Militärdienst zusammen absolviert.

Du kennst Michel? fragte Régis.

Ich kannte Michel. Michel Labourier, Neffe des Murmeltiers.

Um Himmels willen, komm herein und wärm dich auf, zischte Régis zwischen den Zähnen, als ich ihm das Brot reichte.

Vater –

Es ist etwas anderes, wenn ich bei dir bin. Gib mir deine Hand. Jesus Christus! Du bist vielleicht kalt! Wir sind gerade beim Abstich.

Sie führten mich weg von den großen Hochöfen und den mächtigen Kränen droben, die am Himmel auf Schienen liefen, zu einer kleineren Fabrikhalle.

Du gehst zur Schule in Cluses? fragte Michel mich.

Ich nickte.

Gefällt es dir?

Mir fehlt unser Zuhause.

Wenigstens lernst du dort etwas.

Es ist eine andere Welt, sagte ich.

Unsinn! Es ist dieselbe verdammte Welt. Der Unterschied ist, daß die Kinder, die nach Cluses gehen, nicht arm und blöd bleiben.

Wir sind nicht blöd, sagte ich.

Er sah mich scharf an. Hier, nimm das, um dir das Hirn warmzuhalten. Er gab mir seine Wollmütze, rot und schwarz. Ich protestierte, und er zog mir lachend die Mütze über den Kopf.

Er ist Kommunist, sagte Régis später.

Damals wußte ich noch nicht, was das Wort bedeutete. Wir saßen an die Wand gelehnt auf einem Sandhaufen. Ich ließ mir eine Handvoll durch die gefrorenen Finger rinnen. Ich spürte, wie die Wärme durch meine Strümpfe drang und meine Waden erreichte. Régis kramte in einer Büchse, holte sein Messer heraus und fing an, eine Wurst zu schneiden. Am Ende der Fabrikhalle waren ein paar andere Männer.

Da ist deine Schwester uns also besuchen gekommen! rief einer von ihnen.

Sie heißt Odile.

Es gibt eine Heilige Odile, hast du das gewußt?

Ja, rief ich, der Namenstag ist der dreizehnte Dezember.

Sie wurde blind geboren, im Elsaß, rief der Mann zurück. Er war mindestens fünfzig Jahre alt und so dürr wie ein Ziegenbein.

Wirklich?

Sie sah zum ersten Mal mit ihren Augen, als sie schon erwachsen war. Da hat sie dann ein Kloster gegründet.

Der dürre alte Mann, der nicht aus dem Tal war und alles über die Heilige Odile wußte, zog an der Kette eines Flaschenzuges, der zu einer Vorrichtung zum Greifen und Heben schwerer Gewichte gehörte.

Jetzt wird er die Kappe vom Laib nehmen, sagte Régis.

Den Laib habe ich dir doch gerade gegeben, sagte ich, verständnislos.

Siehst du da drüben, wo es zischt?

Da im Sand?

Das ist der Laib mit der Kappe drauf. Jetzt paß auf!

Mehrere Männer begannen, mit langen Stangen an dem Laib herumzustochern. Auf jeden Schlag antwortete das Ding, indem es Feuer spie. Ich aß von der Wurst. Die Vorrichtung des alten Mannes senkte sich und hob den Deckel des Laibs, als wäre es eine Mütze. Unter der Mütze war alles strahlend hell. Ich spürte den Ansturm der Hitze, obwohl ich am anderen Ende der Halle war. Die Ränder der weißglühenden Unterseite tropften wie ein reifer Käse. Wenn ein Tropfen herabfiel und auf den Boden auftraf, verursachte er ein klirrendes Geräusch wie Glas und wurde schwarz. Alle Männer hielten sich Schilde vor das Gesicht.

Jeder Laib wiegt eine Tonne, sagte Régis. Er trank aus einer Flasche mit Wein, und ein wenig Wein rann ihm den Hals hinunter. Eine Tonne, fuhr er fort, und Ferromolybdän ist sechstausend das Kilo wert – rechne dir selbst aus, du bist ja noch in der Schule – was kriegt man für einen Laib?

Sechs Millionen.

Richtig.

Der Laib, eineinhalb Meter im Durchmesser, lag phosphoreszierend im Sand. Régis schaute schon nicht mehr hin. Ich konnte meine Augen nicht abwenden.

Kennst du die Geschichte von den beiden Jägern? fragte Régis.

Welche Geschichte?

Die Geschichte von den beiden Jägern im Wald.

Der Laib wechselte die Farbe. Das Weiß wurde zu Violett. Violett wie ein Kind mit Kehlkopfdiphtherie.

Ich glaube, ich kenne die Geschichte von den beiden Jägern nicht.

Es waren einmal zwei Jäger im Wald droben bei Peniel: Jean-Paul und Jean-Marc.

Wasser fiel von einem Rohr an der Decke mit Hunderten von Löchern darin wie Regen auf den Laib. Jetzt war er scharlachrot.

Jean-Paul bleibt stehen und sagt: Schau, da drüben, Jean-Marc! Ich sehe nichts, antwortet Jean-Marc. Jean-Paul zeigt immer noch hin und sagt: Du mußt blind sein, da drüben bei der entwurzelten Fichte. Ich sehe die Wurzel und die Erde und die Steine, Jean-Paul, sonst sehe ich nichts.

Der Regen, der auf den Laib fiel, erzeugte Dampf und zischte wie eine Zikade.

Die beiden Jäger gehen tiefer in den Wald hinein. Siehst du sie jetzt? ruft Jean-Paul. Wo? Da im Schnee unter den Wurzeln, Jean-Marc. Um Himmels willen, ja! schreit Jean-Marc. Beide Männer bleiben in ihrer Spur stehen, dann bewegen sie sich auf den Baum zu. Der Schnee geht ihnen bis an die Hüfte. Nach einer Weile bleiben sie stehen, um wieder zu Atem zu kommen.

Der Laib wurde in seiner Farbe dunkler und dunkler, und ich konnte ihn kaum noch sehen, wegen der Dampfwolken, die von ihm aufstiegen.

Noch am Leben? fragt Jean-Marc. Jean-Paul arbeitet sich vorwärts. Von hier kann ich sie fühlen! ruft er. Sei vorsichtig, Jean-Paul! Vorsichtig, Jean-Paul! Jean-Paul verschwindet. Einen Augenblick später hört Jean-Marc seinen Freund lachen, dann wird sein Lachen zu einem Seufzen. Das glücklichste Seufzen der Welt, mein Freund. Jean-Marc weiß, was geschieht, deshalb blickt er zu den Baumkronen empor. Während er zu den Baumkronen aufblickt, zählt er. Als er bis fünftausend gezählt hat, schaut er hinab, auf die Fichte. Kein Zeichen von Jean-Paul. Jetzt ist Jean-Marc an der Reihe.

Der Regen über dem Laib hatte aufgehört.

Jean-Marc fühlt es auch. Er hört das Tropfen. Wie Jean-Paul fällt er vornüber auf das Gesicht und fängt an zu lachen. Auch sein Lachen verwandelt sich in Seufzen.

Der Laib war jetzt schwarz, mit Farben darin wie Öl.

Und weißt du, was sie gemacht haben, Jean-Paul und Jean-Marc?

Ich schüttelte den Kopf.

Du weißt nicht, Odile, was die beiden Jäger gemacht haben?

Nein.

Sie haben den Walzer im Liegen getanzt!

Ich sah Régis an und ich dachte: Mein kleiner Bruder – er war neun Jahre älter als ich – du trinkst zuviel.

Das Segeltuch und alles, was daran hängt, wendet sich nach Süden, gegen die Sonne in einem Himmel von tiefstem Winterblau, wie das Blau, mit dem wir Kleider waschen mußten.

Am Tag, als Christus gen Himmel fuhr, zog die Blaskapelle im Dorf von Anwesen zu Anwesen und spielte Musik. Die Uniformen waren frisch gebügelt, die Instrumente glänzten in der Sonne, und die Blätter der Buchen waren so frisch wie Salat. Sie spielten so laut, daß die Fenster klirrten und Ziegel von den Dächern fielen. Bei jedem Anwesen bekamen sie nach jedem Konzert vom Publikum *gnôle* und Kuchen angeboten, so daß nach einer ganzen Anzahl kleiner Konzerte zu Himmelfahrt gegen Ende des Nachmittags die ersten und zweiten Saxophone betrunken waren, wie auch etliche Posaunen und die eine oder andere Trommel. Wenn Vater am Abend des Himmelfahrtstages nach Hause kam, war seine Trompete vom vielen Spielen immer ein wenig mitgenommen. Bei Vater jedoch hatte man bis zum Abend nie etwas bemerkt. Er ließ nicht zu, daß es seine Finger beim Spielen beeinflußte.

Er starb am neunten Februar 1953. Am nächsten Himmelfahrtstag kam die Kapelle und spielte in unserem Obstgarten zu seinen Ehren. Sie spielte einen Marsch aus Verdis *Aida* und eine Melodie, die »Wundersame Gnade« heißt. Die Männer aus der Fabrik standen am Zaun des Obstgartens und hörten der Musik zu. Mutter stand mit über der Brust verschränkten Armen an der Stalltür und blickte zum Himmel. Und plötzlich ließ Papas Haus – mit den drei Zimmern, dem Heuboden, dem kleinen hölzernen Balkon und dem gesplitterten Holz – die Fabrik, die sechs Kathedralen groß war, zwergenhaft klein erscheinen.

»Wundersame Gnade« fängt traurig an, und allmählich wird die Traurigkeit ein Refrain und ist deshalb nicht mehr traurig, sondern herausfordernd. Eine Weile hatte ich das Gefühl, daß er zugegen war. Später lauscht die Musik auf sich selbst und entdeckt, daß irgend etwas still geworden ist. Unwiederbringlich. Er war fort.

Während ich an jenem Nachmittag im Mai 1953 »Wundersame Gnade« hörte, kam ich auf etwas, das ich erst zwanzig Jahre später benennen konnte. Ich kam auf die Wahrheit, daß die Männlichkeit, nach der Frauen bei Männern suchen, oft verschlagen, schlüpfrig, schamlos ist. Es ist nichts Großes, wonach sie suchen. Es ist vorsichtig und listig, so wie Vater war.

Die Männer auf der anderen Seite des Zaunes fingen an zu klatschen, und Michel winkte mir zu. Ich drehte mich um und sagte mir, daß nur ein Kommunist es fertigbrächte, in einem solchen Augenblick zu winken!

Michels Motorrad war rot und war ein tschechisches Fabrikat. Die Ersatzteile dafür seien billiger als die aller anderen Motorräder, sagte Michel, weil die Tschechoslowakei ein kommunistisches Land sei und bei den Kommunisten der Profit nicht an erster Stelle stehe. Mehrmals fragte er mich sonntags, ob ich Lust hätte, mit ihm eine Tour zu machen, und jedesmal lehnte ich ab. Er war mir zu selbstsicher, er meinte, er kenne sich besser aus als sonst jemand im Tal. Er hatte meinen Vater einen Hackklotz genannt. Nicht in meiner Gegenwart. Ich hatte es von einem Freund gehört. Achille Blanc ist sein Leben lang der Hackklotz für andere Leute gewesen! Das waren seine Worte gewesen. Also sagte ich zu ihm Nein.

Zum sechsten Mal fragte er mich im August. Wir hatten beide Ferien. Das Heu war in der Scheune. Régis hatte einen alten Peugeot aus dritter Hand gekauft und lackierte ihn im Obstgarten. Emile war zu Hause, als Michel kam. Er fährt gut, Odile, sagte Emile, du brauchst keine Angst zu haben. Mittwochmorgen, ganz früh, verkündete Michel, ich hol dich um fünf Uhr ab. Um fünf! protestierte ich. Fünf ist nicht zu früh, wenn wir nach Italien fahren! Italien! schrie ich. Doch so laut ich auch schrie, das Wort hatte seine Wirkung. Wenn wir wirklich nach Italien fahren würden, dann konnte ich mich nicht beherrschen. Ich sagte nichts mehr. Und am Dienstagabend legte ich meine Hose zurecht, meine Stiefel und einen Rucksack mit Proviant für uns beide.

Wir überquerten den Großen St. Bernhard unweit östlich des Mont Blanc, wo jetzt der Wind den Schnee wie mein blaues Chiffontuch gegen den blauen Himmel bläst. Beide wußten wir nicht, was das Leben für uns noch bereithielt. Nichts geschah. Michel hatte eine Thermosflasche mit Kaffee mitgenommen, aus der wir das erste Mal in der Nähe von Chamonix tranken. Wir kamen an einer Fabrik vorbei, die, so sagte Michel, wie eine Nachbildung der unseren war. Sie nahm weniger Raum ein. Wir stiegen mit dem Motorrad höher und höher. Wir aßen unseren Proviant oberhalb der Baumgrenze. Nie in meinem Leben habe ich so viel Luft geatmet. Mund, Nase, Ohren und Augen sogen Luft ein. Auf der Paßhöhe bewarfen wir einander mit Schneebällen, und wir sahen die Hunde. Sie waren so groß wie Ponys. Ein See war da. Ein See in dieser Höhe war so überraschend wie Tränen bei einem Sieg. Wenn der Wind zu kalt war, zog ich den Kopf ein und drückte ihn an seine Lederjacke. Ich schmiegte meine Knie unter seine Beine und hielt mich mit einer Hand an seinem Ledergürtel fest. In den Haarnadelkurven senkte ich mich mit dem Motorrad wie Gras, das vom Wind niedergeweht wird.

Auf dem letzten Stück ist sie ein bißchen zu heiß geworden, sagte er. Du hast wohl das verbrannte Öl gerochen?

Motoröl, sagte ich, ich weiß nicht, wie das riecht.

Auf dem roten Motorrad mit dem zweizylindrigen 350 ccm Zweitaktmotor, tschechisches Fabrikat, kamen wir auf der anderen Seite des Berges nach Italien hinab. Die Kühe sahen armseliger aus, die Ziegen dünner, es gab weniger Wald und mehr Felsen, doch die Luft war wie ein Kuß. In einer solchen Luft brauchten die Frauen nicht so zu sein, wie wir es waren auf unserer Seite des Berges. Wo wir wilde Himbeeren in zerstörten Kiefernwäldern haben, so sagte ich mir, da haben sie Trauben an Weinstöcken, die zwischen Apfelbäumen wachsen! Zum ersten Mal in meinem Leben war ich neidisch.

Hast du den Saumua gesehen, der nach Aosta hinabgefahren ist? fragte er.

Nein.

Das ist der größte Lastwagen seit dem Krieg. Kann dreißig Tonnen laden.

Wir waren wieder zu Hause, ehe es dunkel wurde. Ich kam noch rechtzeitig, um die Hühner einzusperren und die Milch auf dem Rücken zur Molkerei zu bringen. Mein Hintern war wund, meine Hände schmutzig, mein Haar war verfilzt. Ich brauchte Stunden, um es auszukämmen, ehe ich schlafen ging. Doch ich war stolz auf mich. Ich war in Italien gewesen.

Wir machen wieder eine Fahrt, schlug Michel vor.

Die Schule fängt nächste Woche wieder an, sagte ich.

Du bist ja ulkig, Odile, sonntags ist doch keine Schule.

Nein, sagte ich, dank dir für diesmal.

Du bist eine gute Beifahrerin, das muß man dir lassen.

Gibt es auch schlechte?

Jede Menge. Sie trauen dem Fahrer nicht, der da auf der Maschine sitzt. Man kann nicht Motorrad fahren, wenn man nicht locker ist. Ich könnte wetten, daß du keinen Augenblick lang Angst gehabt hast, Odile. Du hast doch Vertrauen gehabt, oder? Du hast keinen Augenblick lang Angst gehabt, oder?

Vielleicht doch, vielleicht auch nicht. Seine Selbstsicherheit reizte mich, ihn aufzuziehen.

Zwei Monate später kam ich am Wochenende von Cluses nach Hause, und der Busfahrer sagte:

Hast du gehört, was mit Michel passiert ist?

Mit welchem Michel?

Michel Labourier. Du hast nicht von seinem Unfall gehört?

Auf dem Motorrad?

Nein. In der Fabrik.

Was ist passiert?

Hat beide Beine verloren.

Wo ist er?

Lyon. Es ist das beste Krankenhaus im ganzen Land für Verbrennungen. Ein Militärhospital. Früher hat man in Kriegen mit Blei gekämpft, jetzt kämpft man mit Flammen. Beide Beine hin.

Ich starrte durch das Busfenster und sah nichts, nicht einmal die Fabrik, als wir vorüberkamen. Am nächsten Tag ging ich seine Mutter besuchen.

Vielleicht wäre es besser gewesen, wenn er gleich dabei umgekommen wäre.

Nein, sagte ich, nein, Madame Labourier.

Besuch ist nicht erlaubt, sagte sie, er ist in einem Glaskäfig.

Ich bin sicher, Sie können ihn bald besuchen.

Es ist zu weit. So weit kann niemand fahren.

Ist er noch in Gefahr?

In Lebensgefahr, nein.

Weinen Sie nicht, Madame Labourier, weinen Sie nicht.

Ich weinte in Cluses eine Woche lang jeden Abend, immer wenn ich daran dachte. Was es für einen Mann bedeutet, beide Beine zu verlieren. Ich dachte auch daran, was die Jungen ihr drittes Bein nennen. Wenn du jung bist und beide Beine sind gelenkig, wird dein drittes Bein steif... wenn du alt bist und deine Beine sind steif, wird dein drittes Bein schlaff. Und dieser alberne Witz brachte mich noch mehr zum Weinen.

Silvester 1953 verbrachte ich zu Hause. Vaters Sessel war leer. Nach dem Abendessen brachen Régis und Emile auf, um zum Dorftanz zu gehen. Komm doch mit, Odile, sagte Emile. Ich bleibe bei Mutter. Du tanzt doch so gern! beharrte Emile. Bei uns im Dorf ist heute niemand mehr gut genug für unsere Odile, sagte Régis. Dann gingen sie. Mutter nähte und ging früh zu Bett. Ich hörte um Mitternacht im Radio die Glocken läuten und die Menschen jubeln. Ich war noch nicht müde, und so öffnete ich die Tür und machte im Obstgarten die Runde. Das Gras war hart wie Eisen. Die Bise hatte mehrere Tage hintereinander geweht, und der Himmel war klar. Ich sah zu den Sternen hinauf und dachte an Vater. Niemand kann zu den Sternen hinaufsehen, wenn sie so klar und hell sind, und nicht glauben, daß sie nicht etwas zu sagen haben. Dann dachte ich an Michel ohne Beine und an den roten Stern, den er auf seiner Lederjacke trug. Unter dem Schweigen der Sterne vermißte ich seine Witze und sein Husten. Ich ging zum Hühnerstall und überzeugte mich, daß er richtig verschlossen war. Wenn es eine Woche lang unablässig minus fünfzehn Grad war, kamen die Füchse gewöhnlich auf der Suche nach Nahrung über den Fabrikhof. Einen Monat zuvor hatte die Nachtschicht hinter dem Turbinenhaus ein Wildschwein getötet. Plötzlich drehte der Wind, und zu meiner Verwunderung hörte ich Musik. Eine Melodie von einer Tanzkapelle, die zu mir hergeweht kam. Sie schien in Wellen zu kommen, so wie die Sterne zu blinken schienen. Ferne und Kälte vollbringen seltsame Dinge. Ich faßte einen Entschluß. Ich kehrte zum Haus zurück, band mir ein Tuch um das Haar und fand einen alten Armeemantel. Ich wollte hingehen und sehen, was beim Bockspringen passierte.

Jedes Jahr zu Silvester ließ die Firma eine Kapelle in die Fabrik kommen, und die Männer, die in den Baracken untergebracht waren, hatten ihre eigene Tanzveranstaltung. Die Dorfbewohner nahmen nicht daran teil, die Firma legte keinen Wert darauf, und das war der Grund, weshalb man vom Bockspringen sprach. Ich überquerte die Eisenbahngleise. Die Musik wurde lauter. Die Öfen dröhnten wie gewöhnlich. Der Rauch aus den Schornsteinröhren war weiß im Sternenlicht. Sonst war alles still und eingefroren. Keine Seele zu sehen draußen. Die ebenerdigen Räume neben dem Bürogebäude waren erleuchtet. Es gab keine Gardinen, und die Fenster waren beschlagen.

Ich schlich mich an eines heran und kratzte wie eine Maus mit dem Fingernagel. Ich wollte meinen Augen nicht trauen, da war ein Mann, der auf dem Boden sitzend tanzte! Er hielt die Hände in die Hüften gestemmt und warf die Füße von sich, und die Füße kehrten so rasch zurück, wie sie davongeschnellt waren, wie Bälle, die von einer Wand zurückspringen. Ich staunte so sehr, daß ich den Fremden nicht bemerkte, der herbeigekommen war und jetzt neben mir stand und auf mich herabsah.

Guten Abend, sagte er. Warum kommen Sie nicht herein ins Warme?

Ich schüttelte den Kopf.

Sie müssen heißblütig sein, wenn Ihnen die Kälte in solch einer Nacht nichts ausmacht!

Es sind ja nur fünfzehn Grad minus, sagte ich.

Das waren die ersten Worte, die ich zu ihm gesagt habe. Danach herrschte Stille. Wir standen zu zweit im Licht des Fensters, unser Atem dampfte und vermischte sich wie der Atem aus den Nüstern eines Pferdes.

Wie heißen Sie?

Odile.

Und Ihr ganzer Name?

Mademoiselle Odile Blanc.

Er stand stramm wie ein Soldat und beugte den Kopf. Er war mindestens zwei Meter groß. Sein Haar war kurzgeschnitten, und er hatte ungeheure Daumen – wie er die Hände gegen die Schenkel gestemmt hielt, waren seine Daumen so groß wie Spatzen.

Ich heiße Stepan Pirogov.

Wo sind Sie geboren?

Weit weg.

In einem Tal?

Irgendwo, wo es flach, flach, flach ist.

Keine Flüsse?

Es gibt einen Fluß dort, der heißt Pripjat.

Unserer heißt Giffre.

Blanc? Blanc bedeutet weiß, wie Milch?

Nicht immer – nicht wenn Sie *vin blanc* bestellen!

Weiß wie Schnee, nicht wahr?

Nicht wie Eiweiß! rief ich.

Noch so einen Witz, sagte er und öffnete die Tür.

Ich stand in der Garderobe des Ballsaales der Böcke. Nach der eisigen Luft draußen wirkte es drinnen sehr warm. Es herrschte der Lärm von redenden Männern – wie das Geräusch gärender Früchte in einem Faß. Es herrschte ein starker Geruch nach saurem Wein, nach Parfüm und nach dem roten Staub, der in der Fabrik letztlich jede Verstrebung und jede glatte Oberfläche, die nach oben zeigte, bedeckte. An der Wand des Garderobenraumes – der eigentlich ein Vorzimmer zu den Büros war, wo die Angestellten die Mäntel ablegten und Kittel anzogen – stand ein langer Tisch, an dem Frauen, die ich noch nie gesehen hatte, Getränke an eine Gruppe von Männern ausschenkten, die offensichtlich schon länger getrunken hatten, als ihnen guttat. Mein Bruder sagte, daß die Frauen für das Bockspringen von der Firma angeheuert und in einem Bus von weither, aus der Nähe von Lyon, herbeigeholt wurden.

Ich wollte wieder hinaus an die Luft, und ich wollte, daß er mich nicht sogleich vergaß. Deshalb erzählte ich ihm eine Geschichte über meine Großmutter. Genaugenommen war sie nicht meine Großmutter. Es war die Frau, mit der mein Großvater lebte, nachdem seine Frau gestorben war. Als er starb, blieb Céline – sie hieß Céline – allein in Großvaters Haus wohnen. Sie war inzwischen alt. Du kannst das alles nicht einem Fremden erklären, den du gerade vor ein paar Minuten kennengelernt hast und der dich in eine Bar voller Männer bringt, wo die Fenster beschlagen sind und die Bodenbretter schmierig und feucht von geschmolzenem Eis. Also erzählte ich ihm, es sei meine Großmutter gewesen.

Großmama hatte all die Jahre einen Ziegenbock, und deshalb war es den Nachbarn zur Gewohnheit geworden, ihre Ziegen zu ihr zu bringen, wenn sie brünstig waren. Sie pflegte eintausend pro Besuch zu nehmen, und wenn es bei der Ziege nicht anschlug, hatten sie einen weiteren Besuch frei. Es gab ein Jahr, da verlangte ausnahmslos jeder Nachbar, der mit einer brünstigen Ziege gekommen war, einen zweiten Besuch. Etwas war nicht in Ordnung. Großmutter sprach darüber mit Nestor, dem Totengräber, der mit ihrer Nichte verheiratet war und der Kaninchen züchtete, deren Felle als Otter verkauft wurden. Ganz einfach, sagte er zu ihr, ihm ist zu kalt in deinem Stall so ganz allein, der Bock friert bestimmt. Bau ihm einen Verschlag, in dem ihm warm ist! Großmutter ging nach Hause und dachte über Nestors Rat nach und kam zu dem Schluß, daß es zu viel Aufwand sei. Statt dessen brachte sie nun das Vieh jedesmal in die Küche – außer wenn die Sonne schien. Der Bock erholte sich, und gegen Ostern würden alle Nachbarsziegen Junge bekommen. Als Großmutter das nächste Mal Nestor, den Totengräber, traf, dankte sie ihm für seinen Rat. Du hast ihm also einen Verschlag gebaut? sagte er. Zuviel Aufwand, antwortete sie, ich habe ihn mit in die Küche genommen. Nestor sah überrascht drein. Und der Geruch? fragte er. Großmutter zuckte die Achseln. Was erwartest du von einem Ziegenbock, sagte sie, er hat sich bald daran gewöhnt!

Ich war froh, als er lachte. Dann erblickte ich mich selbst im Spiegel über einem Waschbecken. Was hatte ich nur hier zu suchen? Schnell drehte ich mich vom Spiegel weg. Er stand da, er überragte mich, schutzbietend wie ein Baum. Und zögernd. Vielleicht war er im Neonlicht von mir überrascht. Vielleicht hatte er mich draußen für älter gehalten. Vielleicht hatte er nicht gesehen, wie lächerlich ich gekleidet war. Ich überwand mich und spähte noch einmal in den Spiegel.

Sie müssen kalte Füße haben, sagte er.

Ich blickte auf meine dicken, mit Kunstpelz gefütterten Stiefel hinab und schüttelte den Kopf.

Wenn wir tanzen, werden sie wieder warm! Und in dem Augenblick fing die Tanzkapelle, die ich nicht sehen konnte, zu spielen an. Eine Polka. Dieser Mann, dem ich die Geschichte vom Ziegenbock erzählt hatte, nahm meinen Arm und führte mich sanft zum Bockspringen. Die Kapelle stand auf einem Podium aus Brettern, die über Gestelle gelegt waren. Die anderen Frauen trugen alle Schuhe mit hohen Absätzen. Die Musik klang seltsam, denn der Raum, der normalerweise eine Lagerhalle war, hatte keine Decke. Ganz hoch droben waren die eisernen Träger desselben Daches, das auch den höchsten Ofen deckte. Die meisten Frauen trugen tiefausgeschnittene Kleider, und einige trugen goldene Armbänder. Es gab auch Männer, die miteinander tanzten. Und eine Frau, die allein mit einer riesigen Feder tanzte.

Was einen bei Musik so überrascht, ist, daß sie von außen kommt. Man hat das Gefühl, sie kommt aus dem Inneren. Der Mann, der mit den Absätzen geknallt und sich als Stepan Pirogov vorgestellt hatte, tanzte mit Odile Blanc. Doch innerhalb der Musik, also in mir drinnen, da waren Odile und Stepan ein und dasselbe. Wenn er mich angefaßt hätte, während wir tanzten, so wie Männer Frauen anfassen, dann hätte ich ihm eine Ohrfeige gegeben.

Hinter der Kapelle lag ein Haufen von Schaufeln, wenn er mich angefaßt hätte, wäre ich mit einer Schaufel auf ihn losgegangen. Doch den Fehler machte er nicht. Er griff nicht ein in das, was die Musik mit uns machte. Bei jedem Takt stieß er den Kopf zurück, das Kinn war emporgereckt, der Hals gestrafft, der Mund lächelte. Als die Kapelle aufhörte, nahm er den Arm von meiner Schulter und starrte die Musikanten an, als sei er erstaunt, daß es keine Musik mehr gab, dann nickte er, und die Kapelle begann wieder zu spielen. Es sah aus, als bestelle er mit einem Kopfnicken die Musik.

Eine ganze Weile, ich weiß nicht, wie lange, noch ehe es irgend etwas zwischen uns gegeben hatte außer einer albernen Geschichte über einen Ziegenbock, ehe irgend etwas zwischen uns entschieden war, als ich nichts über Stepan Pirogov wußte, ließen wir beide uns von der Musik erfüllen, wie ein einziger Wagen, der von einem galoppierenden Pferd hügelan gezogen wurde.

Haben Sie Durst? fragte er schließlich.

Wir kehrten in den Garderobenraum und zu den Neonlampen zurück, wo er mir eine Limonade kaufte. Dieses Mal vermied ich es, in den Spiegel zu schauen. Sein Akzent war sehr fremd.

Wo wohnen Sie, Odile?

In dem Haus, wo das Rangiergleis endet.

Wo die Kühe sind? Mein Vater hatte eine Kuh.

Bloß eine?

Bloß eine, vor den Toren von Stockholm.

Sind Sie in Stockholm geboren?

Ich weiß nicht, wo ich geboren wurde.

Ihre Mutter könnte es Ihnen sagen.

Ich habe meine Mutter nie gekannt.

Ist sie tot?

Nein.

In der Hitze und dem Geruch nach saurem Wein und dem Getöse des Gelächters der Männer beim Bockspringen empfand ich plötzlich eine Art Mitleid mit ihm. Oder war es Mitleid mit uns beiden? Ich blickte auf die Limonade am Boden meines Glases. Ich spürte, wie er auf mich niedersah – wie ein Baum auf ein Kaninchen. Ich hob den Kopf. Meine plötzliche Angst war weg.

Ich bin seit drei Monaten hier, sagte er.

Und vorher?

Vorher war ich auf einem Schiff.

Als Seemann?

Wenn man so will.

Sie werden nicht lange hierbleiben, wenn Sie Seemann sind!

Für Sie würde ich lange bleiben, sagte er.

Sie kennen mich doch gar nicht!

Ich kenne dich, seit ich im Schoße einer Mutter empfangen wurde, die ich niemals gekannt habe. Er sprach diesen außerordentlichen Satz mit einer seltsamen Singsang-Stimme aus.

Ich muß gehen, sagte ich.

Verbring noch etwas mehr Zeit des Jahres mit mir, Odile.

Sagt man so in deiner Sprache? fragte ich.

In meiner Sprache würde ich dich Dilenka nennen.

Es war anders, als ich das zweite Mal mit ihm tanzte. Ich tanze mit einem Seemann, sagte ich mir die ganze Zeit. Wenn Mutter wüßte, daß ich mit einem Seemann tanze.

Ich habe das Meer nie in meinem Leben gesehen. Als der Tanz vorüber war, ging ich meinen Mantel holen.

Ich muß morgen arbeiten, sagte ich zu ihm.

Kann ich dich Samstagnachmittag sehen?

Ich muß vielleicht arbeiten, ich weiß nicht.

Ich werde beim Steg auf dich warten, sagte er.

Um welche Zeit? Ich hätte mir die Zunge abbeißen können dafür, daß ich das gesagt hatte.

Ich werde den ganzen Nachmittag dort sein und dem Fluß zuhören, bis du kommst. Er sagte es mit derselben Singsang-Stimme.

Meine Mutter wusch im Stall einen Eimer aus, und ich molk noch, ehe ich den Bus nach Cluses nehmen mußte, es war noch dunkel – und sie schrie mich an:

Du hättest es nie gewagt, das zu tun, wenn dein Vater noch am Leben wäre!

Was zu tun?

Zum Bockspringen zu gehen!

Es war nichts Schlimmes dabei, Mutter.

Und um vier Uhr morgens zurückzukommen!

Drei!

Niemand geht zum Bockspringen!

Es sind keine wilden Tiere.

Was habe ich nur getan – was in Gottes Namen habe ich nur getan – daß ich eine Tochter wie dich verdiene?

Du hast mit Papa gemacht – er soll in Frieden ruhen –, was die meisten Ehefrauen tun, Mutter.

Hör sich das einer an! schrie meine Mutter. So spricht sie zu ihrer eigenen Mutter.

Sie schüttete den Eimer voll Wasser gegen mich aus. Es war so kalt, daß es mir den Atem nahm, und ich fiel vor Schreck vom Schemel. Lilac drehte ruhig den Kopf, um zu sehen, was passiert war. Kühe sind die ruhigsten Kühe auf der Welt, war einer von Stepans Witzen. Er sagte es immer mit einer traurigen Stimme.

Ich ließ ihn den ganzen Nachmittag am Steg warten. Als ich schließlich kam, beklagte er sich nicht. Er stand da und hörte zu, und während ich redete, betastete er den Saum des Tuches, das ich um den Hals trug. Es war so kalt, daß das Rauschen des Flusses so schrill war wie das Pfeifen der Eisenbahn. Einmal in vierzehn Tagen kam ein Güterzug, um das Molybdän und das Mangan abzuholen. Immer bei Nacht. Und seit frühester Kindheit weckte mich der Zug auf. Wir gingen über die Gleise zu dem großen Ofengebäude.

Weißt du, daß jeder Ofen einen Namen hat? fragte er. Der große dort heißt Peter. Der andere heißt Tito ... Warum mußt du da lächeln?

So wurden sie nicht genannt, als ich noch jung war.

Jetzt lächelte er.

Es gibt auch einen, der heißt Napoleon. Warum mußt du da lächeln?

Nur ein kleines Lächeln, sagte ich.

Im Moment gar nicht so klein! sagte er.

Kleiner als deins!

Du kannst Lächeln messen?

Ja, sagte ich.

Er beugte sich herab und hob mich hoch, so daß mein Mund mit dem seinen auf einer Höhe war, und dann gab er mir einen Kuß. Auf die Nase.

Ich weiß so wenig über ihn, doch mit den Jahren des Nachdenkens habe ich aus denselben wenigen Tatsachen sehr viel mehr erfahren. Vielleicht gibt es niemals viele Tatsachen, wenn du jemanden gerade erst zu lieben anfängst. Die Tatsachen sind das, was das Schicksal dir vorbestimmt hat. Seine Pflegeeltern waren Ukrainer und verließen Rußland in den frühen zwanzigern, um sich in Schweden niederzulassen. Eines Tages kam ein Russe, der seine Pflegemutter kannte, als sie noch in Kiew war, mit einem gewikkelten Bündel. Drin war ein zwei Monate altes Baby. Das Paar gab dem Baby seinen Familiennamen Pirogov. Sie hatten keine eigenen Kinder. Der »Vater« war ein Sesselmacher, und die »Mutter« nahm Wäsche zum Waschen an. Sie mußten ihr Land verlassen, weil der Mann 1918 in die falsche Armee eingetreten war – in die Grüne, nicht in die Rote. Sein »Vater« trat in die Armee eines Mannes ein, den Stepan »Batko Machno« nannte. Batko, sagte er, bedeutet Vater. Ich habe nicht viel verstanden.

Der Winter ging nur langsam vorbei. Eines Samstags gingen wir im Schnee spazieren. Er trug blaue Wollhandschuhe. Und während wir gingen, den Arm um meinen Hals und eine seiner riesigen blauen Hände auf meiner Schulter, erzählte er mir eine Geschichte.

Es waren einmal zwei Bären, die schliefen unter einem Felsen. Ihr Fell war ganz weiß vom Rauhreif. Der kleinere der beiden öffnete die Augen.

Mischka! brummte sie.

Mouchenka! brummte der andere.

Wir können sprechen! Sag etwas. Sag ein Wort.

Honig, brummte er.

Schnee, sagte sie.

Frühling, sagte er.

Tod, sagte sie.

Warum Tod? fragte Mischka.

Sowie wir sprechen können, wissen wir vom Tod.

Gott! sagte Mischka und stieß seine Schnauze in ihren Nacken.

Warum hat Gott so wenig Macht, fragte Mouchenka und legte eine Pfote auf seinen Rücken.

Woher soll ich das wissen?

Alles, was existiert, verbirgt ihn, sagte sie.

Er ist in seiner Höhle, sagte er.

Er könnte herauskommen, oder etwa nicht? klagte Mouchenka.

Mouchenka steckte den Kopf unter dem schützenden Felsen hervor, und der Schnee fiel auf ihre große schwarze Schnauze. Mischka, warum hat er so wenig Macht?

Weil er die Welt erschaffen hat, brummte der Bär.

Er hat also dabei seine ganze Macht verausgabt, und seitdem ist er erschöpft! Sie pustete sich den Schnee vom Maul.

Nein, sagte Mischka.

Was soll das heißen, Nein?

Er hätte alles anders erschaffen können, so daß alles genau das getan hätte, was er will.

Und das wäre besser gewesen?

Ja.

Eine lange Zeit sagten die beiden Bären nichts. Schließlich sagte die Bärin: Wenn alles genau das tun würde, was er will, würde ihn niemand erkennen! Verstehst du? Es gäbe keine Notwendigkeit, ihn zu erkennen. Es gäbe nur ihn!

Mouchenka! Du warst einfacher, als du noch nicht sprechen konntest.

Aber wie es nun einmal ist, fuhr sie fort, hofft er die ganze Zeit, daß er erkannt wird. Und schickt dauernd Mahnboten. Sieh, wie der Schnee fällt, Mischka, er fällt auf jede Tannennadel.

Er ist schlau, brummte der Bär, er hat alles so eingerichtet, daß er verborgen bleibt! Er kratzte das Fell an ihrer Hüfte mit seiner Pfote. Er hat alles so eingerichtet, damit er seine Ruhe hat!

Nein, nein, sagte Mouchenka, Gott hat die Welt so gemacht, wie sie ist, damit er gebraucht wird. Das ist es, was er wollte.

Und genau in diesem Moment ertönten zwei Schüsse, und ein Jäger rief: Beide erwischt!

Das Blut der beiden Bären färbte zuerst ihr Fell und dann den Schnee.

Christian zeigt auf etwas dort unten. Er trägt die Wollhandschuhe, die ich für ihn gestrickt habe. Ich kann nicht entdecken, worauf er zeigt.

Am nächsten Wochenende schlug ich vor, daß Stepan zu mir nach Hause kommen sollte. Ich erzählte ihm von meinen Brüdern. Ich hoffte, daß Mutter ein wenig einlenken würde, wenn sie ihn sah. Seit dem Morgen, an dem sie im Stall das Wasser nach mir geschüttet hatte, hatte sie kein einziges Wort zu mir gesprochen.

Noch nicht, Dilenka, noch nicht. Du bringst zum ersten Mal einen Mann nach Hause, und jeder schaut ihn an und beginnt, sich Gedanken über die Zukunft zu machen, sie probieren ihn an – wie eine Hose –, um zu sehen, ob er paßt. Wenn ich in deinem Alter wäre, aber ich bin ein ausgewachsener Mann, ein Fremder, ich habe nichts hier, und sie werden vieles zu ihrer Beruhigung wissen wollen – es ist zu früh, ich weiß noch gar nicht, wohin ich mit dir gehen werde. Laß uns noch ein wenig warten.

Eines Samstags kam Stepan mit dem Mittagsbus nach Cluses. Er wollte das Zimmer im Haus der Witwe Besson sehen, wo ich untergebracht war. Diesmal war ich es, die gegen den Besuch war. Das Zimmer war zu klein, und das Bett nahm die Hälfte des Raumes ein. Statt dessen hatte ich ein Geschenk für ihn. Ich hatte es in eins meiner Tücher gewickelt, ein weißes Chiffontuch.

Was kann es nur sein? fragte er.

Es war eine in Leder gefaßte Taschenflasche für *gnôle*. Einen Monat lang hatte ich darauf gespart. Stepan hatte über die Kälte geklagt, wenn er Nachtschicht hatte.

Den Peter mit Schaufeln füllen, sechs Tonnen, *schest*! Bleib nahe daran, und die Hitze trocknet dir den Schweiß, so daß sie dich verbrennt. Tritt zurück, und du erfrierst in der Nachtluft. Minus achtundzwanzig. *Minus dvadzat' vossiem.*

Er brachte mir bei, wie man auf Russisch zählt, und ich lernte es, wie die Buben lernen, Vogelrufe nachzuahmen.

Möge ein Schluck *gnôle* Dir während Deiner Nachtschicht zwischen heiß und kalt Gesellschaft leisten! Ich schrieb diesen Satz auf einen Umschlag und heftete den Umschlag an die Flasche, ehe ich sie ihm gab.

Als er die Widmung auf dem Umschlag las, warf er die Flasche in die Luft und fing sie mit einer Hand wieder auf. Wir standen an der Bushaltestelle in Cluses. Dann gab er mir einen Kuß. Auf den Mund. Jedesmal einen längeren.

Vaters Freund César, der Wünschelrutengänger, pflegte ein Pendel über ein Meßtischblatt zu halten, und wo Wasser in der Erde verborgen war, fing es an, Kreise zu beschreiben wie eine Ente. Kreise ich jetzt über dem Mole, weil ich eines Sonntags im Mai mit Stepan dort hinaufgeklettert bin, um Trollblumen zu pflücken? Die Frau auf dem Pfad dort drunten, der ich etwas zurufen könnte, trägt ein Kleid, wie ich es nie hatte. Wie sehr wir vergessen sein werden!

Während wir hinaufstiegen, erzählte mir Stepan von seiner Kindheit. Ich bin, so sagte er, mit dem Geruch von Fischleim aufgewachsen – dem Geruch des Meeresbodens. Und ich weiß nicht, ob du mir glaubst, aber es ist wahr: Ich konnte Nägel zwischen meinen Zähnen halten, sobald ich feste Speisen essen konnte. Ich machte meinen ersten Sessel, als ich fünfzehn war, und Vater behauptete – als ein wahrer Schüler von Machno – er behauptete, daß er besser war als jeder Thron der Welt!

Die Sonne war heiß, und es war die Zeit im Mai, wenn das Gras wie verrückt wächst. Als Kind habe ich geglaubt, ich könne es wachsen sehen. Als wir auf der Alm anlangten, knackten die Blechdächer der Berghütten in der Hitze. Stepan wußte nicht, woher der Lärm kam. Jemand wirft mit Steinen! sagte er. Da war niemand. Nur wir beide.

Mein Vater und ich waren in einer Sache verschiedener Meinung, fuhr er fort, nur in einer Sache, aber was für einer! Stepan hatte nie zuvor Trollblumen gesehen. Ich pflückte ein paar für ihn. Sie sind wie Messingknöpfe, sagte er, wer putzt sie? Ich lachte. Wir waren in einer Sache verschiedener Meinung, fuhr er fort. Ich dachte an Rußland als mein Heimatland, und ich wollte zurückkehren, und mein Vater, der in Wirklichkeit mein Stiefvater war, war dagegen. Als ich achtzehn war, nach dem Sieg über die Deutschen, füllte ich die Formulare für die Repatriierung aus. Repatriierung! schrie er mich auf Russisch an. Du bist nicht einmal dort geboren! Du weißt überhaupt nichts! Du mußt schon ein Russe sein, um so dumm zu sein!

Stepan hielt mir fünf goldene Blumen an die Schulter und sagte mit seiner Singsang-Stimme: Fünf Sterne! Der Rest ist Asche. Du bist ein General. Generalissimo Odile Achilowitsch!

Hast du deinen Paß bekommen, fragte ich ihn.

Nein, es wurde abgelehnt. Keine Heimat.

Ich stellte unsere Blumen in eine kleine Quelle, so daß

sie trinken konnten, und wir legten uns auf den Rücken und sahen zum Himmel hinauf, so wie ich jetzt auf dem Bauch liege und auf die Erde hinabsehe. Stepan streckte die Hand aus und fing an, mich zu streicheln. Heute werde ich ihn nicht hindern, sagte ich zu mir. Er sprach über Städte und fragte mich, wo ich gern hinziehen würde – nach London, Mailand, Rotterdam, Oslo, Glasgow? Es war mir nie zuvor in den Sinn gekommen, daß man sich aussuchen könnte, wo man leben will. Es kam mir unnatürlich vor. Nein, sagte Stepan, es ist einfach, mit diesen hier – er hielt seine beiden riesigen Hände über mein Gesicht –, ich kann überall auf der Welt arbeiten. Wohin, wohin werden wir gehen, Odile? Statt zu antworten, sprang ich auf und lief wie wild geworden bergab auf die Kiefern zu. Als er hinter mir herkam, schrie ich ihn an: Du bist ein Bohemien! Ein Bohemien, das ist es, was du bist! Ich will dich nie wieder sehen! Ich ließ ihn an der Bushaltestelle stehen. Ich wollte nicht, daß er mich zum Haus der Witwe Besson begleitete. Ich gab ihr die Blumen, und die alte Dame dankte mir und berührte meine Stirn. Hast du nicht ein wenig Fieber? Du siehst ja ganz erhitzt aus. Ich schüttelte den Kopf, um meine Tränen vor ihr zu verbergen. Geh zu Bett, Odile, und ich werde dir einen Malventee machen, sagte sie. Vielleicht hast du zuviel Sonne bekommen.

Nach dem Tag der Trollblumen schickte mir Stepan einen Brief. Es war das einzige Schriftliche, das ich je von ihm gesehen habe. Ich werde nachsehen, ob er immer noch in der Lindenholzschachtel ist. Er hatte alles mit Großbuchstaben geschrieben, wie Kinder es tun, wenn sie schreiben lernen. Der Brief lautete: Wir brauchen nirgendwohin zu gehen, wir werden hier bleiben, ich richte es so ein, erwarte dich am Steg, Samstag. Mischka. Nie zuvor oder nachher habe ich gehört, daß er sich selbst Mischka nannte.

Es gelang mir, Freitagabend nach Hause zu fahren. Mutter sprach immer noch nicht mit mir. Emile grinste, wie er immer grinste, und nach der Suppe bot er mir verschwörerisch eine seiner Zigaretten an. Ich rauchte sie noch, als Régis hereinkam. Es war einige Wochen her, daß ich Régis gesehen hatte. Er war wütend. Das muß aufhören, Odile, hörst du? Er schrie sehr laut. Das kann so nicht weitergehen, hörst du? Du mußt Schluß damit machen, hörst du? Wenn Vater noch am Leben wäre, hätte er längst dafür gesorgt, daß du damit aufhörst, und du hättest ihm gehorcht, hörst du? Vater hätte nicht so geschrien wie du, sagte ich, und er hätte nicht so gedacht wie du und Mutter. Sei doch nicht blöd, Schwester. Himmel, sei doch nicht blöd! Vater hat gewußt, daß ich mit siebzehn verheiratet sein würde. Es herrschte Stille. Emile säuberte sich die Fingernägel mit einem Taschenmesser. Ist dir klar, daß dein bekloppter Schwede verheiratet ist? Das ist eine Lüge, das hast du dir ausgedacht. Was erwartest du, Odile, er ist fast dreißig. Du weißt ja gar nichts über ihn! Wir haben oft genug in derselben Schicht gearbeitet, wir nennen ihn die Schneeschaufel, er ist ein Stück Dreck. Warum sagst du, daß er verheiratet ist? Hör dir an, Schwester, was ich dir zu sagen habe, verheiratet oder unverheiratet, wenn du weiter noch mit diesem Stück Scheiße ausgehst, dann werden wir ihm eine Lektion verpassen. Hau ab, wo du hingehörst, Schwede. Er ist ein Russe! Um so besser, soll er hinter seinen Eisernen Vorhang abhauen!

War er ein verheirateter Mann? Das fragte mich der Priester später, als ich beichtete, und ich mußte weiter beichten, daß ich es nicht wußte und daß ich ihn nie gefragt hatte. Am Tag, der auf den Abend mit Régis' Drohungen folgte, ging ich zum Steg, um ihn zu treffen. Ich sagte ihm nichts, denn sobald Stepan da war, greifbar, vor meinen Augen, da war mir klar, daß Régis, sollte es zu einem Kampf kommen, keine Chance hatte.

Wir überquerten den Fluß, ließen die Baracken hinter uns und stiegen zum Wald hinauf. Dort gingen wir den Waldrand entlang, bis die Fabrik und die Häuser außer Sichtweite waren. Bei der alten Kapelle mit den zerbrochenen Fenstern und der von Kugeleinschlägen zernarbten Wand hinter dem Altar bogen wir in den Wald ein und durchquerten ihn, um auf dem Weg herauszukommen, der nach Le Mont führt. Dort gehörte uns ein kleiner Heuschober. Jetzt ist er längst zerstört. Als Kind war ich dort mit meinem Vater gewesen, in den Tagen, als er noch Heu auf einem Schlitten herabbrachte. In meiner Tasche hatte ich den Schlüssel.

Ich hatte nie zuvor einen Mann nackt wie Stepan gesehen. Ich hatte meinen Vater und meine Brüder gesehen, wenn sie sich am Spülstein den ganzen Körper wuschen, ich hatte alles gesehen, doch nie hatte ich einen Mann auf diese Weise nackt gesehen. Sein Anblick rief mir die Nacht in Erinnerung, als ich ihm zum ersten Mal begegnet war, beim Bockspringen, denn mich erfüllte dieselbe Art von Mitleid – war es Mitleid mit uns beiden? – und dieses Mitleid war mit Angst vermischt. Doch war es nicht Angst, was mein Herz klopfen ließ. Mein Herz klopfte vor Aufregung über die Neuigkeit, die es erfuhr: sein Leben würde niemals mehr so sein, wie es einmal war, der Körper, für den es pumpte, würde niemals mehr sein, wie er einmal war.

Vater verstand sich darauf, Obstbäume zu pfropfen. Kaum je mißlang es ihm. Auf unsere wilden Apfelbäume pfropfte er Pippinäpfel und Winteräpfel, auf die wilden Birnen Dolbo und Williamsbirnen. Er kannte genau den Moment, wann man pfropfen mußte, wo der Schnitt zu machen war, wie man es umwickelte. Es war, als wäre der Saft in seinen Daumen. Er pfropft mich! sagte ich mir, während meine Arme Stepans Körper umschlangen. Und die neuen Äste werden Früchte tragen, wie wir sie nie gekannt haben, weder er noch ich. Es war nicht leicht für Stepan, in mich einzudringen. Einen Augenblick lang war er entmutigt. Ich spürte es. Bei Männern ist alles so offensichtlich, daß sogar ich, im Alter von siebzehn Jahren, es verstand. Und ich teilte seine Ungeduld, die hatte ich mit ihm gemeinsam. Deshalb half ich ihm, wie ich meinem Vater immer half, wenn er pfropfte. Ich hielt das Pfropfreis im richtigen Winkel – während Vater den Faden herumwickelte.

Das Sonnenlicht strömte durch die Astlöcher der Wandbretter, und das Heu roch nach angebrannter Milch, und ich fühlte, daß alles Gute, das je geschehen konnte, in mich gepfropft wurde. Und nächste Woche würden wir die Früchte essen, wie konnte es anders sein? Wenn du doch nur mehr hättest nehmen können! Er hat uns sehr wenig gegeben, lieber Gott. Doch vielleicht auch nicht. Manchmal, wenn ich mir die Geschichte von den beiden Bären erzähle, dann sage ich: vielleicht ist es das einzige, was Er nicht versteht, die Zeit! Wie lange haben wir hinter dem grauen Holz mit den Sonnenstrahlen gelegen? Nie kamst du mir so klein vor wie damals, Stepanuschka. Ich sollte deine Frau werden und die Mutter deiner Kinder und der Ozean, den ich niemals sehen werde, für deine

Fähre. Es waren schon bald die längsten Tage des Jahres. Als wir gingen, war es dunkel, und der Mond schien, so daß wir den Weg sehen konnten. Auf dem Weg hinab habe ich dir deinen Gürtel aufgeschnallt. Was ich gesehen habe, lieber Gott, wo ist es? Wo?

Sie begannen zu bauen. Ich weiß nicht, mit welchen Worten Stepan sie überredet oder begeistert hat. Sie begannen, ein Zimmer zu bauen. Jede einzelne Baracke war mit einem Buchstaben gekennzeichnet. Ich glaube, daß am Anfang, als die Baracken gebaut wurden, die Buchstaben ganz regelmäßig von A bis H gingen. Dann kam irgendein Mann, der dort untergebracht war, auf den Gedanken, einen Witz zu machen, der darin bestand, die Buchstaben zu verändern. Seit meiner Kindheit, als ich gerade erst lesen gelernt hatte, waren die acht Baracken als IN EUROPA bezeichnet. Ich konnte noch sehen, wo die ursprünglichen Buchstaben übermalt worden waren. Und was den Witz betraf, der Mann, der ihn komisch gefunden hatte, war längst fort, und niemand konnte ihn um eine Erklärung bitten. Das N beim IN war verkehrtherum geschrieben, И. Die Firma kümmerte sich so gut wie gar nicht um die Barackensektion. Es gab nur ein Gesetz in der Fabrik, das zählte: daß die zehn Öfen alle vierundzwanzig Stunden so oft wie erforderlich abgestochen wurden und daß der Guß jedesmal bei chemischer Analyse der Norm entsprach.

Stepan wohnte in Baracke A, die die letzte war, am Rand des Fabrikgeländes. Dahinter lag eine Kiefernschonung. Die Männer in Baracke A bauten ein Zimmer für Stepan. Sie opferten eine Woche lang ihre Freizeit dafür. Eine Trennwand aus Brettern, ein Loch im Dach für einen Schornstein und eine neue Tür. Dieses Zimmer sollte vom übrigen Schlafsaal getrennt sein, es sollte privat sein. Stepan baute ein Bett, ein großes Bett mit einem Kopfbrett aus Eiche und geschnitzten Rosen an allen vier Ecken. Es war das erste Bett, das er baute, und es brauchte viel länger als das Zimmer. Möchtest du, daß wir verheiratet sind? fragte er mich. Ich wäre gerne deine Frau. Ich werde dich heiraten, das ist versprochen.

Die Baracke A steht immer noch da, am weitesten vom Steg entfernt. Die Leute sagten, er nutze mich aus. Sie haben gar nichts verstanden, diese Leute. Sie haben nicht gesehen, wie er die Rosen geschnitzt hat. Wenn er mich nicht sofort heiratete, so lag das daran, daß er nicht konnte – vielleicht weil seine Papiere nicht in Ordnung waren. Weil er schon verheiratet war, sagten die Leute. Vielleicht hatte er vor langer Zeit eine andere Frau gehabt, in einem anderen Land, in einem anderen Jahrhundert. Alles, was ich weiß, ist, daß er mich nicht getäuscht hat.

Eines Tages, da werden du und ich, wenn unsere Enkel auf eigenen Füßen stehen, eines Tages, sagte er, werden du und ich eine Reise machen und die Ukraine besuchen.

Vom Fenster des kleinen provisorischen Zimmers am Ende der Baracke A beobachtete ich, wie die Schwalben zwischen den Baracken und den Fichtenreihen hin und her flogen. Es wäre jetzt lächerlich gewesen, wenn ich als Frau, die ich mein Leben lebte, noch zur Schule gegangen wäre, und so ging ich ab, ohne irgendwelche Abschlußprüfungen zu machen. Als ich zum letzten Mal durch das hohe schmiedeeiserne Schultor ging, das für fahnentragende Reiter gemacht worden war, spürte ich, daß Vater mir sehr nahe war. Es war, als sei er mit mir gekommen, um bei der Bauteilefabrik eine Arbeit für mich zu finden, und es war, als hätten sie mir aufgrund seiner Anwesenheit sofort Arbeit gegeben.

Das erste war, Löcher in eine winzige Platte zu stanzen, die in die Rückwand eines Radioapparates passen sollte. Eintausendsiebenhundert Platten am Tag. Das wurde nicht schlecht bezahlt, und der Ort hatte den Vorteil, daß er am Flußufer lag. Wenn ich meinem Soll voraus war, konnte ich hinausgehen, eine Zigarette rauchen und den Fluß betrachten – wir waren zu siebt in der Fabrik, sieben mit dem Chef und seinem Sohn. Während ich dem Wasser lauschte, beschloß ich, Stepan zu zeigen, wo er Forellen fangen konnte, ohne daß er Schwierigkeiten bekam.

Das einzig Schlimme war das Öl, es spritzte mir auf Hände und Handgelenke, ich konnte keine Handschuhe tragen, weil sie mich zu sehr behinderten, und meine Haut war gegen das Öl allergisch. Es bildeten sich kleine Flekken, die juckten. Stepan sagte, wenn die Flecken nicht innerhalb einer Woche fortgingen, bis zum 17. Juli – ich erinnere mich an das Datum jeden Tages in diesem Monat der Sommerhimmel, endloser Tage, der Schwalben und des Unvorstellbaren – würde er mir kategorisch verbieten, dort weiter zu arbeiten!

Ich behielt mein Zimmer im Haus der Witwe und verbrachte jede Nacht IN EUROPA. An zwei Sonntagen, als Stepan Tagesschicht hatte, beobachtete ich die Schwalben: an zwei Sonntagen, als er nicht arbeitete, blieben wir bis zum Anbruch der Nacht im Bett. Er sprach jetzt viel. Im Schlaf sprach er auf Russisch. Ein Jahr lang werden wir noch aushalten, sagte er, dann gehen wir fort, und ich finde eine andere Arbeit. Du solltest Betten bauen wie dieses hier! sagte ich zu ihm. Wir werden ein Haus am Meer finden, sagte er. Warum nicht an einem See? schlug ich vor.

Manchmal sprach er von der Fabrik. Ich fragte ihn, ob er von Michels Unfall gehört habe. Ich war gerade erst gekommen, sagte er, es war meine erste Woche, und ich war in seiner Gruppe. Es war Peter, wo wir gerade Abstich machten, und die Wand brach. Es ist, als würde die Hölle losgelassen, wenn das passiert. Die Hölle selbst, mein Kleines. Um die Wand zu durchstechen, haben wir eine Sonde – weißt du, wie lang die Spitze durchhält? Weniger als acht Minuten. *Vossiem.* Er war noch bei Bewußtsein. Möge Gott ihm helfen. Wir kriegten ihn heraus und zogen ihm feuersichere Kleidung an. Er ist immer noch im Krankenhaus, bemerkte ich. Und beide Beine weg, sagte Stepan.

Gegen Abend rasierte er sich. Ich sah ihm gern beim Rasieren zu. Wir hatten Krug und Schüssel auf dem Tisch bei der Tür, und er ging, um heißes Wasser aus dem Waschraum zu holen, einem Steingebäude neben der Fabrik. Natürlich habe ich nie einen Fuß dort hinein gesetzt. Stepan holte mir immer das Wasser zum Waschen, und um die natürlichen Bedürfnisse zu erledigen, ging ich in die Kiefernschonung. Diesmal brauchte er das Wasser zum Rasieren. Wie gern ich ihm beim Rasieren zugeschaut habe! Vielleicht jedem Mann, der sich rasiert? Wäre ich in den Waschraum gegangen, hätte ich es gewußt. Es ist der einzige Augenblick, daß Männer ihre Koketterie zeigen. Die Art, wie sie ihre Haut straffen und die Augen sich konzentrieren, das Geräusch der Klinge an den Stoppeln, die weiße Seife auf der rosigen Haut. Nach dem Rasieren war Stepans Gesicht weicher als das meine, weich wie das eines Babys.

Er kam am 31. Juli um. Er hatte die ledergefaßte Flasche nicht mitgenommen. Er ließ sie auf dem Tisch neben dem Rasierpinsel liegen. Er kam morgens um 4.30 um. Régis rief beim Haus der Witwe Besson an und übermittelte die

Nachricht, gerade als ich zur Arbeit gehen wollte. Ich sprach selbst mit ihm. Ist es gewiß, daß er tot ist. Gewiß? Gewiß? Ich fragte sechsmal. Ich ging zur Arbeit. Die Teile, die ich stanzte, winzig wie Ohrringe, waren für elektrische Bügeleisen. Nach der Arbeit fuhr ich zu den Baracken und ging in unser Zimmer. Es klopfte an der Tür. Ich öffnete. Giuliano stand draußen. Er war es gewesen, der das Eichenholz für unser Bett besorgt hatte.

Wo ist er? fragte ich, ich will ihn sehen. *Niente*, sagte Giuliano. Ich will ihn sehen, sagte ich noch einmal ganz ruhig. *Niente*! schrie er, und seine Stimme überschlug sich. Über seine Schulter hinweg sah ich andere Männer aus der Baracke A und den Baracken P, O, R, U, E, N, die in diskretem Abstand dastanden und mich ansahen, die Mütze in der Hand, den Kopf eingezogen. Wo ist er? Tränen traten in Giulianos Augen, während er den Kopf schüttelte. Keinen Augenblick ließ er die Augen von mir. Und plötzlich verstand ich. Er war verschwunden. Es gab keinen Körper. Wie es bei einer Lawine passiert.

Ich habe nicht geweint, Heilige Mutter Gottes, ich habe nicht geweint. Ich sagte zu Giuliano: Wer hat ein Motorrad in unserer Baracke? Keiner von uns. Wer sonst? Jan in U hat ein Motorrad. Frag ihn, ob er mich morgen früh zur Arbeit bringen kann, ich bleibe hier.

Ich schlief in unserem Zimmer. Jeden Morgen brachte mich Jan zu der Bauteilefabrik in Cluses. Am zweiten Tag kam Emile zu den Baracken. Wir möchten, daß du nach Hause kommst, sagte er und legte scheu und ohne ein Wort zu sagen einen Ziegenkäse auf den Tisch. Später, sagte ich zu ihm, sag Maman und Régis, ich komme später nach Hause, im Moment muß ich hierbleiben.

Ich lag auf dem Bett mit den geschnitzten Rosen an den

Ecken und starrte an die Bretter der Decke. Ich fand einen Koffer unter dem Bett, und in diesen packte ich seine Kleidung, ohne eine Vorstellung zu haben, was ich damit anfangen sollte. Vielleicht würde sein Vater oder seine Frau sie wollen? Ich weinte immer noch nicht. Das Nichts, in das er verschwunden war, erfüllte mich. Eine Stunde glich der anderen. Eine Minute glich der anderen. Zum Pinkeln ging ich in die Kiefernschonung, genau wie ich es getan hatte, als seine Stiefel noch keine offenen Münder waren, die schrien. Odile schrie nicht, sie wartete. IN EUROPA, Baracke A. Ich wartete und wartete. Jeden Abend kamen einige seiner Kameraden mich besuchen. Sie kamen immer zu zweit. Sie brachten mir Teller mit Speisen, die ich nicht essen konnte. Einer brachte mir eine Zeitung in einer Sprache, die ich nicht verstand. Sie sagten, ich solle nach Hause gehen. Sie sagten, sie würden mich besuchen kommen, wenn ich nach Hause ginge. Einer von ihnen gab mir ein schwarzes Spitzentuch. Ich faltete es zusammen. Jeder Tag, der vorüberging, brachte mir mehr Hoffnung. Jede Nacht schlief ich in der Baracke. In dem Nichts, in welches er verschwunden war, in dem Nichts, in dem er mich zurückgelassen hatte, lauschte ich auf ihn. Und schließlich hörte ich. Jetzt konnte ich nach Hause gehen, jetzt konnte ich weinen, jetzt konnte ich mein schwarzes Tuch tragen.

Ich ging zum Büro des Fabrikdirektors. Seine Sekretärin fragte mich, worum es gehe. Ich sagte, es handele sich um eine Privatangelegenheit. Wollen Sie sich nicht setzen? Ich hörte das Lawinendröhnen der großen Öfen. Ich wußte, daß es niemals aufhörte, und doch, während ich dort saß, dachte ich, es höre vielleicht einmal auf. Manchmal geschieht Unmögliches. Ich glaubte, wenn das Dröhnen aufhören würde, könnte ich seine Stimme hören. An den

Wänden waren gerahmte Photographien von anderen Fabriken. Die Rahmen waren aus Eiche, wie das Bett. Ich wartete eine Stunde lang. Er muß wirklich bald da sein, sagte die Sekretärin. Wo ist er denn? fragte ich. Er ist bei einem Ferngespräch, antwortete sie und tippte weiter.

Wenn ich mein »Ex-und-Amen« gemacht hätte, könnte ich an ihrer Stelle sitzen. Möchten Sie einen Kaffee? fragte sie. Sie kannte mich, jeder in der Fabrik wußte inzwischen, daß ich mit Stepan Pirogov im Konkubinat lebte. Das war natürlich nicht das Wort, das sie benutzten, doch es war der juristische Ausdruck, den ich benutzen mußte. Ja bitte, sagte ich.

Nach einer weiteren halben Stunde empfing mich der Direktor. Sein Frau bestellte bei Mutter immer frische Eier. Als Vater noch am Leben war, mußte Mutter warten, bis er auf dem Feld war, ehe sie ihre Eier ablieferte. Lebensmittel für den Feind! hätte Vater geschrien.

Er sah einen nie an, wenn er mit einem sprach, der Direktor. Es war, als versuche er, die Unterschriften der gerahmten Photos an den Wänden zu lesen. Er hatte sich das Jackett ausgezogen und lockerte die Krawatte. Überall herrschte Augusthitze. Ich hatte Rock und Jacke angezogen, um offizieller auszusehen, und ich trug das schwarze Tuch auf dem Kopf. Er ging zu dem Sessel, der vor ihm stand.

Was kann ich für Sie tun?

Ich komme wegen Monsieur Pirogov, Monsieur Norat.

Ich weiß. Darf ich Ihnen und Ihrer Familie mein aufrichtiges Beileid aussprechen.

Soweit ich weiß, zahlt die Firma, wenn ein Arbeiter bei der Arbeit tödlich verunglückt, seiner Frau eine Rente.

Das ist auf freiwilliger Basis. Wir sind nicht dazu verpflichtet, und die Rente entfällt sofort, sollte die Witwe wieder heiraten.

Monsieur Pirogov ist bei der Arbeit tödlich verunglückt, sagte ich.

Die Ursache steht noch nicht endgültig fest.

Jeder weiß, daß er wegen der Gase keine Luft mehr bekommen hat. Deshalb ist er hinabgestürzt.

Wir werden sehen, Mademoiselle Blanc, wenn die Untersuchung abgeschlossen ist. Ich wünschte, ich könnte Ihnen mehr sagen.

Ich bin gekommen, um eine Rente zu beantragen.

Wie alt sind Sie?

Siebzehn.

Und das Datum Ihrer Eheschließung, Mademoiselle Blanc? In diesem Augenblick mußte er mich ansehen.

Wir sind nicht verheiratet.

Dann begreife ich nicht.

Ich habe mit Monsieur Pirogov im Konkubinat gelebt.

Darf ich fragen, wo?

Ich wußte, daß er wußte, wo.

In Baracke A, sagte ich zu ihm.

Das ist Firmeneigentum.

Ich will auch unser Bett.

Sie wollen eine Firmenrente und ein Bett! Wenn wir allen Konkubinen unserer Arbeiter Renten zahlen würden, Mademoiselle Blanc, dann wären wir bankrott!

Verunglücken denn so viele in Ihren Fabriken, Monsieur Norat?

Ich verstehe Ihren Kummer, aber ich fürchte, ich kann nichts für Sie tun.

Ich bin schwanger. Im Namen seines Kindes, das ich trage, bitte ich, Herr Direktor, um Entschädigung.

Monsieur Norat war überrascht. Er verließ seinen Sessel und trat hinter mich.

Odile, wenn ich Sie so nennen darf, denn Sie sind so jung, daß Sie meine Tochter sein könnten, ich glaube Ihnen, doch die Firma kann das nicht. Vom Standpunkt der Firma aus sind Sie nicht verheiratet, hatten Sie keinen festen Haushalt für Ihr Konkubinat und haben Sie überhaupt keinen Beweis, daß Stepan Pirogov der Vater Ihres Kindes ist.

Du, Christian, wurdest am 10. April geboren. Du hast 3,4 Kilo gewogen, du hattest blaue Augen, Haar, weicher als der Flaum des Löwenzahns, Hände, kleiner als Stepans Daumen, und Beine wie heiliges Brot, mit einem Zizi dazwischen.

Meine Mutter hoffte, dich daheimbehalten zu können, und gab dir die Flasche. Ich wollte dich selber stillen. Ich hatte genug Milch für Zwillinge. Der Chef in der Bauteilefabrik war entgegenkommend: solange ich mein Soll schaffte, war er nicht kleinlich mit der Stechuhr. Ich brauchte nicht wie die anderen bis Mittag zu warten. Wenn ich spürte, wie meine Bluse auf einer Seite naß von Milch wurde, überließ ich die Maschinen sich selbst, sie stampften vor sich hin, und die Metallspäne stapelten sich höher und höher auf dem Fabrikboden. Wie du gesaugt hast! Wie du das Leben geliebt hast! Dann mußte ich früh genug zurücksein, um die Späne fortzukehren und mich wieder an die Arbeit mit den kleinen Teilchen für Flugzeugluken zu machen.

Du warst fast ein Jahr alt. Du hast deine ersten Schritte auf dieser Erde gemacht, ein Fuß nach dem anderen, und nach dem vierten bist du immer wieder auf den Po zurückgefallen. Komisch, daß ich am Himmel hier daran denke.

Emile spielte mit dir unter dem Tisch. Régis war die Nacht zuvor ausgegangen und hatte zuviel getrunken. Es sind nicht die schlechtesten Männer, die trinken, die Männer, die trinken, sind die, die Angst haben, sie wissen nicht wovor, wir alle haben Angst, wenn ich auch im Alter von achtzehn davon nichts wußte. Régis stritt sich mit Emile, der unter dem Tisch mit dir spielte, darüber, ob der Peugeot von Corneille, dem Viehhändler, dunkelblau oder schwarz war. Emile war sich sicher, daß er schwarz war. Régis war sich sicher, daß er blau war. Sie gaben einfach keine Ruhe. Hört schon auf damit! rief ich schließlich. Ihr seid ja schlimmer als Kinder! Régis drehte sich so schnell um, daß ich dachte, er wolle mich schlagen. Du halt dich da raus! sagte er. Als ob du nicht genug eigenen Kram hast, um den du dich kümmern solltest, Odile! Denk lieber dran, was du mit deinem armseligen Bastard von Kind anfängst! Halt das Maul! Emile packte seine Beine, und er fiel zu Boden. In dem Augenblick kam Mutter herein, und wir drei taten so, als sei nichts vorgefallen. Als Mutter hinausging, murmelte Régis, den Kopf in den Händen und unter der Nase blutverschmiert: Blau, Corneilles Peugeot ist blau! Ich gehe spazieren, sagte ich.

Ich ging die Eisenbahngleise entlang zu den Halden. Von der letzten stieg Rauch auf. Bald sind sie so hoch wie die Fabrik, dachte ich. Bald haben sie unseren Obstgarten bedeckt, dachte ich. Zu Hause sind nur noch drei Kühe übriggeblieben. Es gibt nichts Toteres auf der Welt als diesen Dreck, der nach zweitausend Grad übrigbleibt. Zweiundzwanzig Monate tief im Dreck ist der Vater des Bastards. Ich hatte den Mut, diese Worte zu mir selbst zu sagen.

Jedesmal wenn ich da drüben zur Arbeit gehe, so sagte

Giuliano, der Sarde, nach Stepans Tod zu mir, bin ich nicht sicher, ob ich wiederkehren werde.

Jede Mauer, jede Öffnung, jede Leiter glich dem Knochen eines Schafsschädels, wie man ihn in den Bergen findet – fleischlos, entleert, ausgelöscht. Die Öfen dröhnten, der Fluß floß dahin, der Rauch, manchmal weiß, manchmal grau, manchmal gelb, stieß in den Himmel empor, die Männer arbeiteten Nacht und Tag seit Generationen, schwitzend, würgend, pissend, hustend, die Fabrik hatte seit sieben Jahren keine Pause gemacht, sie produzierte dreißigtausend Tonnen Eisenmangan im Jahr, sie brachte Geld ein, sie testete neue Legierungen, sie machte Experimente, sie machte Profit, und sie war schwerfällig, unfruchtbar, versandet. Ich ging durch das Schmelzgelände, wo der Ofen für das Manganoxid in den Himmel ragt, Peter und Tito für das Eisenmangan sind um einiges niedriger, jedoch immer noch so hoch, daß, wenn die Kräne ihr Metall in die Gießpfannen leeren, man die Gießpfannen wie einen Sonnenuntergang anblinzelt, und ich war mir bewußt, daß mein Schoß das Gegenteil von alledem war, was ich da sehen und anfassen konnte. Hier ist eine Frau, flüsterte ich, und die Frucht ihres Schoßes. Ich kniete nieder. Niemand sah mich.

Pferdeleder ist das beste Leder für Handschuhe, Dilenka, es hält der Hitze stand.

Ich stieg acht Metalleitern hinauf, jede so hoch wie das Heu in einer Scheune, niemand hielt mich auf, bis zur Spitze des Manganoxidofens. Hier ist er abgestürzt. Die Gase brannten mir in der Kehle, und ich atmete tief ein, doch nichts geschah. Ich stieg die acht Leitern hinab. Ich ging durch den Bürobereich, der beim Bockspringen der Ballsaal gewesen war. Ich fand den Spind, in dem er seine

Pferdelederhandschuhe und seinen blauen Schutzschild aufbewahrte. Es stand jetzt ein italienischer Name darauf. Ich lachte. Ich überraschte mich beim Lachen. Unsere Liebe war unvergänglich.

Jenseits des Steges lebten wir IN EUROPA. Der Fluß hatte Niedrigwasser, die Schneeschmelze hatte noch nicht eingesetzt. An vielen Tagen war es minus zehn Grad, und die Berge noch bedeckt. Es gab keine Zeit, dachte ich, während ich das Wasser der Giffre betrachtete, Stepan zu zeigen, wo man die Forellen fangen konnte, Zeit nur für Stepan und Odile, einander zu begegnen, und für Christian, empfangen zu werden. Flußaufwärts zwischen den Felsen zog etwas meine Aufmerksamkeit auf sich. Ich wartete. Es kam mir so vor, als drehe es den Kopf. Ein Lastwagen rumpelte die Straße entlang, und es flog auf, mit herabhängenden Beinen, um sich auf einer Kiefer niederzulassen. Ein Reiher. Ein Wasservogel, der in Baumkronen nistet, sagte Stepan. Ich habe bisher drei Reiher in meinem Leben gesehen. Einen mit Vater, als ich noch so klein war, daß er mich tragen konnte, einen mit Stepan eines Abends im Juni und diesen an jenem Sonntag im März '56.

Stepan sagte, der Name des Reihers sei *tzaplia*, ein Geschöpf von weither mit einer Botschaft. Wenn er auf seinen Fisch wartet, wird er so ruhig wie ein Stock. Deshalb war ich mir auch nicht sicher gewesen, als ich ihn entdeckt hatte. Von der Kiefer aus beobachtete der Reiher die Straße, das Fabrikgelände, die hohen Schornsteine mit ihren Spitzen wie die geöffneten Schnäbel gigantischer Nestjungen, die nach Nahrung emporschauen, den Manganoxidofen, Peter, Tito, das Turbinenhaus, die Felswand und den Himmel, an dem ich mit meinem Sohn fliege. Seine Botschaft kannte ich nicht.

Sie war guter Laune, die Mutter. Sie gab uns ein Kilo Honig, sie sagte, deine blauen Augen würden einst die Herzen der Mädchen brechen, sie wechselte dir die Windeln. Ausnahmsweise ließ ich mir zuviel Zeit beim Aufbruch, und wir verpaßten den Bus nach Cluses zurück und mußten trampen. Du hast das Trampen leicht gemacht. Mit dir auf dem Arm, da hielt schon der erste Wagen an. Der Fahrer lehnte sich zurück und öffnete die hintere Tür. Als wir einstiegen, sagte er meinen Namen. Er trug eine Kappe über den Augen, und er hatte einen schwarzen Bart. Doch in der Art, wie er meinen Namen aussprach, war etwas Vertrautes, Altes. Unsere Augen begegneten sich, und plötzlich erkannte ich ihn.

Michel!

Er lehnte den Kopf unbeholfen zurück, damit ich ihm die Wange küssen konnte. Ich nahm an, daß er sich nicht umdrehen, daß er seine Beine nicht bewegen konnte, und so gab ich ihm auf diese Weise einen Kuß.

Es hat mir so leid getan, Odile, als ich gehört habe, was passiert ist, sagte er. Nimm mein Mitgefühl und mein ganzes Beileid entgegen.

Seine Stimme hatte sich verändert. Mehr verändert als sein Gesicht durch den Bart. Früher hatte er gesprochen, wie die meisten Menschen es tun, die Stimme ganz nah an dem, was er sagte. Jetzt war seine Stimme weit entfernt, wie die Stimme eines Priesters am Altar.

Das ist unser Sohn Christian, sagte ich zu ihm.

Er berührte deine Mütze mit der Hand, und da bemerkte ich die Narben: sie waren violett – von derselben Farbe wie ein Molybdänlaib in einem bestimmten Moment des Abkühlens. Wo sie violett waren, war weniger Fleisch.

Wohin willst du? fragte er.

Cluses.

Du wohnst dort?

Ich nickte. Und du, Michel?

In Lyon ist man fertig mit mir. Die Chirurgen sagen, ich bin ein Meisterwerk. Weißt du, wie viele Operationen ich hinter mir habe? Siebenunddreißig!

Er lachte und klopfte sich auf den Schenkel, um mich durch den Klang daran zu erinnern, daß er aus Metall bestand. Er trug eine gutgebügelte Hose, helle bunte Socken, blankgeputzte Schuhe.

Du fingst an zu weinen.

Entwickelt die Lungen! sagte Michel. Er kann noch nicht rennen in seinem Alter, das arme kleine Würmchen, alles was er tun kann, ist zu heulen, wenn er sich die Lungen füllen will. Hier! Christian! Schau!

Er ließ ein Schlüsselbund vor deinen Augen baumeln, und du hast den Kopf gegen meine Brust gelehnt und aufgehört zu weinen.

Und du, Michel?

Ich werde den Tabak- und Zeitungsladen in Pouilly übernehmen.

Wie schaffst du das –

Alles, Odile, alles. Ich kann sogar eine Leiter hochsteigen! Die Rechtsanwälte der Gewerkschaft haben sie gezwungen, mir eine Rente zu zahlen. Ich brauche nicht allzuviel zu arbeiten.

Törichterweise, hilflos und ohne eigentlichen Grund fing ich an zu schluchzen. Michel drehte sich um und ließ den Motor an. Er konnte den Wagen fahren, weil er auf Handbedienung umgebaut worden war. Seine beiden Füße in den blankgeputzten Schuhen ruhten einfach auf dem Fußboden. Wie Bügeleisen.

Es ist außerordentlich, auf was man sich einstellen kann, sagte Michel über die Schulter, wenn man keine Wahl hat.

Ich weiß.

Zuerst stand ich zu sehr unter Medikamenten, als daß es mir klargeworden wäre, doch dann kam mir die Wahrheit Stück für Stück zu Bewußtsein. Wenn ich morgens aufwachte und mich erinnerte, was ich war, wollte ich schreien. Eine Woche lang war ich völlig verzweifelt. Warum ich? fragte ich mich immer wieder. Warum ich?

Ich weiß, sagte ich. Du warst eingeschlafen. Wir fuhren den Fluß entlang. Er regulierte das Tempo mit seiner narbigen rechten Hand. Seine beiden Füße lagen auf dem Fußboden wie Bügeleisen. Ich schluchzte immer noch.

Das Großartige im Krankenhaus ist, daß du nicht allein bist. Es gibt andere Leute im selben Zustand wie du, sagte er, manche sind schlimmer dran als du. Man hat nur ein Leben, so heißt es immer, also mach das Beste daraus. Es ist nicht wahr, Odile.

Ich weiß, sagte ich unter Tränen.

Wir alle waren schwere Fälle. Verbrennungen dritten Grades, mit fünfzig, sechzig, siebzig Prozent Körperbehinderung. Wir wären alle tot gewesen vor zwanzig Jahren. Es gab Leute – wir haben es gehört – es gab Leute, die haben gesagt, wir wären besser dran, wenn wir tot wären. Wir mußten lernen, ein zweites Leben zu leben. Das erste war für immer und ewig vorbei. Schläft er jetzt?

Er ist eingeschlafen, ja, flüsterte ich.

Ich mußte lernen zu leben – und es war nicht, als wenn ich es zum zweiten Mal lernte, das ist ja das Seltsame, Odile, es war, als lernte ich zum ersten Mal. Und jetzt fange ich mein zweites Leben an.

Hast du oft Schmerzen?

Nicht oft.

Nie?

Nicht oft. Manchmal, wenn es heiß ist im Sommer, dann ist es unangenehm. Er faßte sich auf den Schenkel. Sonst, nein. Lange Zeit habe ich von Schmerzen in den Beinen geträumt. In meinen Träumen waren sie nicht amputiert. Ich muß dir noch etwas sagen, Odile. Ich bin Feuerheiler geworden.

Ich fing an zu lachen. Trotz meiner Tränen, ich wußte nicht warum.

Es gab da im Krankenhaus einen alten Mann. Er war kein Patient, und er gehörte auch nicht zum Personal ... er war jeden Tag da. Er kaufte für uns ein, was immer wir haben wollten – Papier, Obst, Tabak, Eau de Cologne – und dafür durfte er das Wechselgeld behalten. Er war zweiundachtzig. Als er noch jünger war, ist er Eisenbahner gewesen. Er war Feuerheiler. Ich habe einmal gesehen, wie er jemandem den Schmerz nahm. Eine Krankenschwester hatte sich die Hände mit kochendem Wasser verbrüht, und der Alte hat sie innerhalb von zwei Minuten von ihrem Leiden befreit. Er behauptete, er wäre allmählich zu alt, die Anstrengung der Feuerheilung koste ihn zuviel Kraft. Und also verkündete er eines Tages, er habe uns alle sehr genau beobachtet, und nun habe er sich entschlossen, nun habe er seinen Nachfolger gewählt. Und ich sollte es sein. Er gab mir seine Gabe.

Wie?

Einfach so.

Was hat er gemacht?

Er hat mir einfach seine Gabe gegeben.

Wir waren in Cluses angelangt, und Michel fuhr uns vor

die Haustür. Du warst in meinen Armen fest eingeschlafen. Trotz meiner Einwände bestand er darauf, aus dem Auto zu steigen. Er bewegte seine Beine mit den Armen. Er zog sich mit den Armen hoch. Sein Nacken und seine Schultern waren viel breiter, als sie vorher gewesen waren. Er zog sich heraus wie ein Mann, der aus einem Graben klettert, den er gegraben hat. Da stand er auf dem Pflaster und schwankte leicht in den Hüften.

Wenn du mich einmal brauchst, du weißt jetzt, wo du mich findest. Es hat mir so leid getan, wiederholte er noch einmal, als ich gehört habe, was passiert ist.

Erinnerst du dich an Stepan? fragte ich ihn.

Ich erinnere mich an ihn. Er war sehr groß, mit blondem Haar. Hatte er nicht blaue Augen? Wir haben ein paar Nächte in derselben Schicht gearbeitet, zwei oder drei Nächte, glaube ich – bevor ich das hier abgekriegt habe. Er schlug sich auf die Hüfte.

Ich habe nicht einmal ein Bild von ihm, sagte ich.

Du brauchst doch kein Photo, sagte er und befühlte deine Wollmütze, du hast doch seine Nachkommenschaft.

Seltsames Wort, Nachkommenschaft!

Ähnlicher kriegst du's nicht, sagte er. Gute Nacht.

Die langen Jahre begannen, die langen Jahre deiner Jugend. Erinnerst du dich noch an die Wohnung, in der wir gelebt haben? Du hast deine Hausaufgaben am Küchentisch gemacht. Du wolltest immer, daß ich dir zum Abendessen Kartoffelpuffer mache. Du hattest einen Fußball in einem Netz, das an der Decke über deinem Bett hing. Dein Zimmer roch immer nach Klebstoff, wegen der Modelle, die du gebaut hast. Derselbe Geruch wie mein Nagellack. Du konntest den Dichtungsring am Wasserhahn auswechseln, noch ehe du zehn warst. In meinem

Zimmer war das Eichenbett mit den geschnitzten Rosen, und wenn du krank warst, hast du darin bei mir geschlafen, manchmal auch am Sonntag. Weißt du noch, wie wir das Wohnzimmer gestrichen haben, und du bist von der Leiter gefallen? Du warst alles, was ich hatte auf der Welt, und ich dachte, du wärst tot.

Warum habe ich denselben Namen wie du, Maman, warum heiße ich Christian Blanc?

Weil dein Vater gestorben ist, ehe du zur Welt kamst.

Wie war er?

Stark.

Wie sah er aus?

Groß.

War er wie ich?

Ja.

Hat er sich für Flugzeuge interessiert?

Nicht besonders, glaube ich.

Du weißt nicht viel über ihn, nicht wahr?

So viel, wie man halt weiß.

Rate mal, was ich ganz im Ernst vorhabe, Maman. Ich will einen Flugdrachen bauen. Einen, der fliegt. Ich habe in der Schule in einem Buch ein Bild gesehen. Er muß groß sein, so groß wie ein Auto.

Groß genug, um uns um die Welt zu fliegen?

Ja... Ich brauche eine Menge Klebstoff.

Die langen Jahre begannen. Wo sollten wir hingehen, um ein Zuhause zu haben? Régis hatte Marie-Jeanne geheiratet. Sie hatte ihn unter der Bedingung geheiratet, daß er mit dem Trinken aufhören würde, und das tat er auch eine Zeitlang. Mutter verkaufte die letzte Kuh und behielt nur die Ziegen und die Hühner. Die Bäume im Wald, droben bei dem Weg nach Le Mont, begannen zu sterben. Der

Hang über dem Fluß nahm die graurote Farbe von totem Holz an. Emile fand Arbeit, er verlud Eimer in einer Farbfabrik nahe der Grenze, und Mutter verschwendete ihre ganze Aufmerksamkeit an ihn. Jeden Abend bereitete sie ihm einen Empfang wie einem Helden. Seine Schwächen beflügelten ihre Entschlossenheit, hundert Jahre alt zu werden. Und während sie alt wurde, entwickelte sich Emile zur Liebe ihres Lebens. Sie wechselte das Heu seiner Matratze jede Woche.

Ich kaufte einen Atlas, um herauszufinden, wie man nach Stockholm kommt. Ich fand die Ukraine und den Fluß Pripjat. Doch was hätten wir dort machen sollen? Wir wären weiter von einem Zuhause entfernt gewesen als je.

Warum steigen wir jetzt so schnell?

Der Chef der Bauteilefabrik stellte uns eine Zeitlang nach. Weißt du noch, wie er dir einen Sputnik mit einem Hund drinnen gekauft hat, und du hast den Hund verloren? Ich ging ein paarmal zu ihm nach Hause zum Essen. Er nahm uns mit zum See, und wir aßen einen Fisch, so ähnlich wie eine Forelle, aber stärker im Geschmack. Du hast gesagt, die Fische finden ihren Weg im Ozean mit ihrem Geruchssinn. Seine Frau hatte ihn vor Jahren verlassen. Er war bald vierzig, und du warst neun.

Willst du Gaston heiraten, Maman?

Wir steigen immer noch in den Himmel hinauf.

Nein, ich will ihn nicht heiraten.

Ich glaube, er will dich heiraten.

Ich weiß nicht.

Er hat mir erzählt, daß er sich einen Citroën DS kauft.

Das interessiert dich, nicht wahr?

Wenn du nicht für ihn arbeiten müßtest, Maman, dann hätte ich ihn lieber, glaube ich.

Gaston ist sehr freundlich. Nur wissen er und ich nicht dieselben Dinge, das ist alles. Was er weiß, interessiert mich nicht sonderlich, und was ich weiß, würde ihn erschrecken.

Mich könntest du nicht erschrecken, Maman.

Wenn wir drehen, Christian, das ist ganz seltsam, denn dann sehe ich nicht zum blauen Himmel hinauf, sondern auf ihn hinab.

Michels Laden in Pouilly war ganz anders als alle anderen im Bezirk. Die Zeitungen waren auf besondere Weise angeordnet, die linken immer ganz vorne. Wenn ein Kunde nach *Le Figaro* verlangte, bückte sich Michel und zog unter dem Ladentisch einen hervor, mit einem Ausdruck des Ekels auf dem Gesicht, als ob die Zeitung, nach der der Mann verlangt hatte, um einen verdorbenen Fisch gewikkelt wäre. Er verkaufte *gnôle* in Flaschen mit einer Birne darin, so groß wie meine Faust.

Wie ist die Birne in die Flasche gekommen, hast du gefragt.

Sie ist aus einem Kern gewachsen! sagte Michel, und du wußtest nicht, ob du ihm glauben solltest oder nicht.

Er verkaufte auch Rodelschlitten und Radios. Mit Radios hatte er einen Tick, und er konnte auch alles reparieren. An der Rückwand des Ladens hatte er eine große Weltkarte aufgehängt, und auf jedes Land klebte er kleine Etiketten, wie die, die man für Marmeladengläser kaufen kann, und da standen die Stadt, die Wellenlänge und die Sendezeit drauf. Es gab Leute, die haben gesagt, der Michel mit seiner Politik und seinen Radios, das kann nur ein russischer Spion sein! Sein Ruf als Feuerheiler verbreitete sich. Leute aus anderen Dörfern kamen zu ihm, um sich bei Verbrennungen die Schmerzen nehmen zu lassen. Bezahlung lehnte er kategorisch ab. Es ist eine Gabe! wiederholte er nur immer wieder.

Weißt du noch, wie ich dich zu ihm gebracht habe? Du hattest dir mit einem Feuerwerkskörper die Handfläche verbrannt. Es war nicht ernst, aber du hast wie am Spieß geschrien. Michel kam mit seinen steifen, schwankenden Bewegungen hinter dem Ladentisch hervor – wie eine Kegelfigur. Gehen wir ins Hinterzimmer, sagte er. Ich schickte mich an, mit dir zu kommen, doch er schüttelte den Kopf, und ihr beiden seid verschwunden. Er schloß die Tür, und nach wenigen Sekunden hast du nicht mehr geschrien. Nicht allmählich, sondern plötzlich, mitten in einem Schluchzen. Kein Laut war im Laden zu hören. Völlige Stille. Wie eine Ewigkeit kam es mir vor, und dann hielt ich es nicht mehr aus und rief deinen Namen. Lachend kamst du durch die Tür gesprungen. Michel hinkte hinter dir her. Sein schwarzes Haar war schon angegraut.

Du mußt dich nicht erst verbrennen, um mich besuchen zu kommen, sagte er, als ich ihm dankte und ihn zum Abschied küßte.

Später habe ich dich gefragt: Was ist da vor sich gegangen?

Nichts.

Was hat Michel gemacht?

Er hat mir eine seiner Verbrennungen gezeigt.

Wo?

Hier – du hast auf dein Bäuchlein gezeigt.

Und da hat die Hand nicht mehr weh getan?

Nein, sie tat schon vorher nicht mehr weh. Sie hat aufgehört weh zu tun, bevor er mir seine Verbrennung gezeigt hat.

Warum hat er sie dir dann gezeigt?

Weil ich ihn darum gebeten habe.

Was tun wir hier, Christian, auf dieser Erde, an diesem Himmel?

Ich hatte in der Bauteilefabrik zehn Jahre lang gearbeitet. An der Wand neben meiner Werkbank waren dreißig Postkarten vom Mittelmeer, von Palmen und Kühen und Kirschbäumen in Blüte und einem Dorf mit Kirchturm – alle hatte ich über die Jahre hinweg von Freunden aus dem Urlaub bekommen. Gaston hatte die Realität unserer Situation verstanden. Wenn er hinter mir stand und vorgab, meine Arbeit zu überwachen, spürte ich sein Bedauern in meinen Schulterblättern, weil ich das meine ebenso spürte. Der Lärm der Maschinen, Monat um Monat, Jahr um Jahr, nützte Prinzipien ab. Die Jahre waren lang. Wenn ich nicht schlief, waren auch die Nächte lang.

Im August schloß die Fabrik für einen Monat. Wir sind niemals in Urlaub gefahren, wie die anderen in der Fabrik. Ich half Mutter im Garten aus. Ich machte Marmelade und kochte die letzten grünen Bohnen ein. Wenn ich an der Fabrik vorüberkam, dachte ich nicht mehr an Stepan. Es gibt nichts in der Fabrik, das eine Erinnerung sein könnte. Ich habe an ihn gedacht, wenn ich deine Hemden gebügelt oder dir das Haar geschnitten habe. Ich habe auch an ihn gedacht, wenn ich mir das Gesicht im Spiegel zurecht machte. Ich wurde älter. Ich sah aus, als wäre ich schon zwanzig Jahre verheiratet.

Du kannst Lächeln messen?

Ja, sagte ich.

Er beugte sich herab und hob mich hoch, so daß mein Mund mit dem seinen auf einer Höhe war, und dann gab er mir einen Kuß.

Du hattest einen Freund mit Namen Sébastien, dessen Vater der Leiter des Ferienlagers in Bakon auf der anderen Seite des Roc d'Enfer war. Manchmal hast du den Donnerstag, wenn keine Schule war, mit ihm dort droben verbracht. Ich war froh darüber, denn die Bergluft tat dir gut. Cluses ist wie ein Verlies. Wenn im Ferienlager die vielen Kinder aus den Städten im Norden waren, wolltest du unbedingt hin, um herauszufinden, ob irgendwelche Fliegereibegeisterte unter ihnen waren. Hier, so hast du gesagt, haben die Leute ja keine Ahnung. Ich konnte dir schon nicht mehr recht folgen, wenn du über »Tragflächen« und »Flügelbelastung« gesprochen hast. Ich glaube kaum, daß Sébastien sehr viel mehr verstanden hat. Seine Leidenschaft bestand darin, mit Fernsehgeräten herumzubasteln. Der kam doch zu Michel in den Laden und sprach wie ein Schulmeister eine Stunde lang über neue Transistorschaltkreise. Sébastien war zwölf und du warst elf, als du im August '66 für ganze zwei Wochen mit ihm nach Bakon gefahren bist.

Ich brauchte nicht zur Arbeit zu gehen und war für mich selbst, so allein, wie ich schon seit zehn Jahren nicht mehr gewesen war. Am zweiten Tag tat ich etwas, das ich seit Stepans Tod nicht getan hatte: ich zog mich gar nicht an, ich blieb im Bett, ich hörte Radio, ich duschte, als mir heiß war, ich hing Erinnerungen nach, ich stand gar nicht auf. Mutter hätte es zutiefst als Schande empfunden. Papa hätte die brutalen Risse in seinen Händen betrachtet, hätte aufgesehen und mit einem Augenzwinkern gesagt: Warum nicht, wenn sie kann? Mein Leben kam mir schon unerklärlich lang vor. Am nächsten Tag ging ich ins Schwimmbad und sonnte mich. Weil ich bei der Arbeit zu lange stehen mußte, bekam ich allmählich Krampfadern. Meine

Hände waren nicht wie die von Papa, doch sie waren rot und rauh. Schwimmen hat man mir nie beigebracht. Ich meldete mich beim Friseur an. Mutter ist kein einziges Mal in ihrem Leben beim Friseur gewesen.

Als ich mit einem Tuch um den Kopf vom Friseur kam, sah ich Michel auf der anderen Seite der Straße. Er ging an Krücken. Ich winkte, doch er sah mich nicht. Sein Kopf war gesenkt, und es sah aus, als habe er beim Gehen Schmerzen. Ich wartete den Verkehr ab, und dann lief ich über die Straße. Als er mich schließlich sah, verzog sich sein Gesicht, rot und glänzend von Schweiß, zu einem Lächeln.

Was für eine Überraschung! Wie immer mit seiner weit entfernten Stimme.

Ich habe mir gerade die Haare machen lassen.

Komm, trinken wir einen Kaffee zusammen.

Wir gingen in die Brasserie neben der Post. Ein Kellner bot ihm einen Stuhl an. Er mußte sich unbedingt auf einen anderen setzen.

Warum nimmst du dein Tuch nicht ab?

Bestell mir einen *café au lait*, ich bin gleich zurück. Ich ging zur Toilette.

Ach! Odile! Was für schöne Haare du hast! All seine Worte mußten über den Abgrund dessen geschleudert werden, was ihm widerfahren war.

Es ist zu fein. Es bricht zu leicht.

Zu fein? Was soll das heißen, zu fein! Er trank aus seinem Glas mit Weißwein und Limonade. Erinnerst du dich an unseren Ausflug nach Italien?

Ich nickte.

Vor dreizehn Jahren.

Das einzige Mal, daß ich auf einem Motorrad gesessen

habe. Hinterher hast du gesagt, ich sei eine gute Beifahrerin.

Dein Saftladen hat den ganzen Monat zugemacht?

Wie jedes Jahr.

Wie wär's mit einem Ausflug nach Paris?

Paris! Das ist Hunderte von Kilometern weit.

Wir nehmen den Wagen, und wir nehmen uns vier Tage, hin und zurück. Ich muß sowieso fahren, um eine Prothese richten zu lassen. Ich bin nicht zufrieden damit ... mit der linken hier. Wenn du mit mir kommen würdest, wäre es ein Urlaub. Was sagst du dazu?

Das ist eine lange Reise.

Tu dir das Tuch nicht wieder um.

Christian, fliegen wir, Mutter und Kind, hier am Himmel?

In dem Moment war ich neunundzwanzig; Michel war siebenunddreißig. Wenn man mir als Kind gesagt hätte, wie das Leben eines Erwachsenen ist, ich hätte es nicht geglaubt. Ich hätte nie geglaubt, daß es so unvollendet ist. Als wir jung waren, haben wir so viel Autorität und Sicherheit in den Älteren gesehen. Michel und ich hatten doch eine ganze Menge durchlebt und gesehen, und doch, als wir an der Rhône entlang durch die Talenge am Ende des Jura fuhren, waren wir wie Kinder. Wenn ich jetzt daran denke, dann möchte ich uns beschützen.

Es war ein weißer Renault 4. Er hatte die Sitze mit einem Stoff bezogen, der gestreift war wie ein Zebrafell. Er nahm gern ein starkes Eau de Cologne, das, vermischt mit Schweiß und der Augusthitze, nach Maultier roch. Ich hatte mir für den Ausflug ein Paar weißer Netzhandschuhe gekauft. Mein ganzes Leben lang hatte ich mir nicht träumen lassen, daß ich im Sommer Handschuhe tragen würde, doch die hatte ich in einem Laden in Cluses gesehen, einem Laden, wo die Frauen der Bosse Weißwäsche kauften, und ich hatte mir gesagt: Zum Teufel, Odile, du fährst nach Paris, von allen Orten auf Erden ausgerechnet nach Paris, und du hast schicke weiße Schuhe, also kannst du ebenso gut weiße Netzhandschuhe im August tragen. Und außerdem waren sie um die Hälfte reduziert.

Wenn ich an uns denke auf unserer Fahrt nach Paris, dann möchte ich, daß uns nichts passiert.

Die weiße Katze ist letzte Woche gestorben. Ein Auto hatte sie angefahren. Michel war im Laden, und ich ging in den Garten hinaus und hörte ein Miauen. Sie lag am Straßenrand im Gras. Ihr Rückgrat war gebrochen, deshalb ließ ich sie auf einer Decke am Herd in der Küche liegen. Da lag sie, das weiße Maul ein wenig geöffnet, die Zunge kaum weniger weiß als ihre Zähne. Sie drehte sich – oder der Körper drehte sie – auf die Seite, während alle vier Beine ausgestreckt waren, die Hinterbeine ganz gerade hinter sich, wie im Sprung. Langsam wischte sie sich mit den beiden Vorderbeinen das Gesicht, wobei sie die Pfoten von den Ohren herab über die Augen zum Maul bewegte. Nur einmal tat sie das, sie strich sich die Vision des Lebens aus den Augen. Als die Pfoten das Maul erreichten, war sie tot.

Kann es Liebe ohne Mitleid geben?

Der Jura ist nicht wie unsere Berge. Sie sind dort grämlicher, haben sich mehr in ihr Schicksal gefunden. Sie würden niemals ihre Autositze mit Zebrafellen beziehen oder im August weiße Handschuhe tragen. Wir kamen an einem See vorüber, der aussah, als ob noch nie ein Boot darauf gefahren wäre. Michel sprach über General de Gaulle, und ich wußte nicht, ob er ihn haßte oder bewunderte. Als nächstes sprach er über die Fabrik. Sie gehörte jetzt zu einem multinationalen Unternehmen mit Fabriken in einundzwanzig verschiedenen Ländern. TPI. Die Multis, so sagte Michel, sind die neuen Raubritter unserer Zeit. TPI hat '66 achttausendfünfhundert Millionen Francs Profit gemacht.

Michel behält Zahlen im Kopf wie andere Leute die Worte von Liedern.

> Es regnet Küsse
> und hagelt Liebkosungen
> bis die Woge der Zärtlichkeit
> das Nest überflutet.

Ein Mann an einem ihrer Öfen, sagte er, der atmet Luft, die vierhunderttausend Staubpartikel pro Liter enthält – das ist tödlich.

Möge ein Schluck hiervon Dir, mein Schatz, während Deiner Nachtschicht zwischen heiß und kalt Gesellschaft leisten ...

Tödlich. Das hält kein Mensch auf die Dauer aus, sagte Michel. Der Wald stirbt. Die fünf Schornsteine spucken eintausendzweihundert Tonnen Fluorabgase pro Jahr aus.

Papa hatte recht gehabt mit dem Gift. Er hatte auch recht gehabt, daß ich mit siebzehn verheiratet sein würde. Was er nicht wußte, was er sich nie hätte vorstellen können, war, daß ich mit achtzehn Witwe sein sollte.

Eine TPI-Fabrik in den Pyrenäen, fuhr Michel fort, hat viertausend Hektar Wald in drei Jahren zerstört und siebenhundertfünfzig Kühe und Schafe vergiftet.

Ich habe mehr verloren als siebenhundertfünfzig Kühe und Schafe! sagte ich.

Du hast ein Kind, sagte er, das hilft.

Es hilft, ja, doch ein Sohn ist kein Ausgleich für alles. Eines Tages wird er aus dem Haus gehen.

Wenigstens hast du jemanden, für den du dasein kannst.

Manchmal, so schrie ich, möchte man für sich selber dasein.

Wir alle müssen für uns selber leben, sagte er.

Manchmal schaue ich andere Frauen an, und ich hasse sie, weil sie, weil sie ...

Nicht mit einem Gespenst leben?

Ich will raus, laß mich aussteigen.

Du hast keinen Grund, wütend zu werden.

Niemand hat das Recht, ihn ein Gespenst zu nennen. Hörst du, Michel? Niemand. Er ist hier! Ich schlug mir mit der Hand auf die Brust.

Und ich bin hier, sagte Michel und schlug mit beiden Händen auf das Lenkrad, ich bin hier, und ich habe kein Kind, also weiß ich, was ich sage, wenn ich dir erzähle, daß du es gut hast.

Gut? Ich habe es gut? Ich habe es etwa so gut wie du, mein lieber Michel.

Er sagte nichts mehr. Wir fuhren durch grasbewachsene Hügel, die sich zu Felsabbrüchen erhoben. Der Himmel war gewittrig. Überall, wo ein wenig Schatten war, standen die Kühe mit gesenktem Kopf dicht beieinander. Uns beiden war heiß, und wir schwitzten.

Wenn du einen Fluß siehst, sagte ich, können wir ja anhalten. Dann fiel mir ein, daß es ihm schwerfallen würde, eine Uferböschung hinabzuklettern, und es tat mir leid, daß ich es gesagt hatte. Kannst du noch Kinder haben? fragte ich ihn nach fünf Minuten Schweigen.

Er nickte wortlos.

Hinter der nächsten Kurve war ein Kaffeehaus, und wir hielten an. Wir warteten noch auf den Sandwich, den wir bestellt hatten, als wir das Kreischen von Bremsen und dann ein Krachen hörten. Ich eilte zur Tür. Ein Peugeot 304 hatte die Kurve zu schnell genommen und war hinten in unseren Renault hineingefahren. Der Fahrer, unverletzt, gestikulierte mit den Armen und fluchte auf alles, was in Sichtweite war. Himmel, das ist doch nicht möglich! Kein Warnschild für die Kurve! Wie ist es möglich, daß einer so eine idiotische Straße baut? Und einen Wagen dort zu parken, das kann doch nur einem Fotzenhirn einfallen! Es ist einfach nicht möglich, Jesus Christus! Ich sage dir, das ist doch einfach nicht möglich!

Michel ging zu seinem Wagen und beugte sich steif aus der Hüfte hinab; er war wie der Dirigent einer Blaskapelle nach dem Ende eines Stückes, und er untersuchte den Schaden. Der andere Fahrer schritt die Entfernung zwischen den beiden Wagen und der Kurve ab und zählte lauthals mit schriller, irrer Stimme. Michel, er hatte eine Art, die Dinge anzusehen – Wellen, Flansche, Gelenke, Zylinderköpfe, Verschalungen – , die ihre Unnachgiebigkeit aufhob, die sie gehorsam machte. Während ich ihm zusah, mußte ich an seine Gabe denken, einem die Schmerzen bei Verbrennungen zu nehmen. War es die Gabe, eine Art von Schock auf sich zu ziehen und dadurch zu vertreiben? Den Schock, den verbranntes Fleisch erlitten hatte, oder eine Karosserie?

Wenn wir die Ersatzteile noch heute abend bestellen, rief er mir zu, es ist nur ein Tag Arbeit, dann sind wir übermorgen wieder auf Achse.

Schwankend wie eine Kegelfigur bewegte er sich zu dem Peugeot hin. Der Besitzer kreischte: Das ist doch nicht möglich! Weniger als achtundzwanzig Meter hinter der Kurve, da, sehen Sie meine Bremsspuren? Jesus Christus! Ich habe sofort draufgetreten, als ich Sie sah. Sie sind eine Gefährdung der Öffentlichkeit. Wenn Sie ein Krüppel sind, dann sollten Sie lieber im Rollstuhl herumfahren.

Ich schätze, sagte Michel ganz ruhig, die Kleinigkeit da wird Sie nicht mehr als einhundertfünfzigtausend kosten – der Preis für ein gutes Fahrrad! Sie haben noch Glück gehabt – wenn man bedenkt, wie schnell Sie gefahren sind.

Verkrüppelte Fotze! sagte der Mann.

Das Gewitter war nicht losgebrochen, und wir mußten warten, bis uns der Kaffeehausbesitzer zum nächsten Hotel fuhr, fünf Kilometer entfernt.

Haben Sie vielleicht kühles Bier für uns, bitte? Der Schweiß füllte ihm die Falten auf der Stirn und die Ringe unter den Augen. Er saß auf einem Tisch, den Rücken zur Wand, die Beine ausgestreckt, die spitzen blanken Schuhe in einem unmöglichen Winkel, als wären beide Fußgelenke gebrochen.

An einem solchen Tag, sagte er zu mir, wenn du da an den Öfen arbeitest, dann arbeitest du bei einer Temperatur von 70 Grad Celsius. Halb zwischen Bluttemperatur und dem Siedepunkt. Halb auf dem Weg zur Hölle ... Er goß sich Bier in die Kehle.

An die Hölle habe ich nie glauben können, sagte ich zu ihm. Ich konnte nicht glauben, daß irgendein Vater die Hölle als Strafe für seine Kinder erfinden würde.

Väter erschießen ihre Söhne, sagte er.

Sie schießen in Wut. So wie ich es gelernt habe, hat die Hölle nichts mit Wut zu tun, sondern mit Gerechtigkeit.

Ich bot ihm ein Taschentuch an, damit er sich das Gesicht abwischen konnte. Er hielt es vor den Augen hoch, weil es mit Blumen bedruckt war, und er benutzte es nicht.

Willst du wirklich wissen, was es mit der Hölle auf sich hat, sagte er lächelnd, sie ist hier.

Klingt aber seltsam, wenn du das sagst, Michel, der immer über Veränderung und Fortschritt spricht...

Sorgfältig steckte ich das Taschentuch in meine Handtasche zurück.

Wer sagt, daß die Hölle immer gleich bleibt? Die Hölle beginnt mit der Hoffnung. Wenn wir keine Hoffnungen hätten, würden wir nicht leiden. Wir wären wie die Felsen dort gegen den Himmel.

Ich ergriff seine Hand, mit der er hinüberzeigte. Er leistete keinen Widerstand, und ich drehte sie um. Auf den Fingerrücken hat er schwarze Haare; wo die violette Narbe ist, fehlt das Haar. Ich sprühte ihm etwas Eau de Cologne auf das Handgelenk, und er zog die Hand zurück, um daran zu riechen.

Die Hölle beginnt mit der Vorstellung, daß sich etwas verbessern läßt, sagte er. Ist erfrischend – dein Geruch. Was ist das Gegenteil der Hölle? Das Paradies, oder?

Gib mir die andere Hand.

Ich besprühte den anderen Handrücken, und er zog die Hand nicht zurück, sie lag in meinem Schoß.

Ich kann Sie jetzt zu Ihrem Hotel bringen, erklärte der Kaffeehausbesitzer.

Das Hotel stand an einem Fluß, dessen Bett nahezu ausgetrocknet war. Vom Fenster meines Zimmers sah man auf die Kiesel hinab. Es war das erste Mal in meinem Leben, daß ich in einem Hotel übernachtete. Was mich jedoch nicht daran hinderte zu bemerken, daß es hier ungewöhnlich war. Der Eigentümer, der bei unserer Ankunft in der

Küche arbeitete, kam heraus und wischte sich die Hände an einem Geschirrtuch ab, das er sich um den Bauch gebunden hatte.

Zwei Zimmer, ja, sagte er, werden Sie heute abend hier essen? Heute abend koche ich ein Essen, wie ich es noch nie versucht habe!

Der Korridor, der zu den Schlafzimmern führte, war mit Schränken vollgestellt, man kam kaum daran vorbei. In meinem Zimmer waren außer einem Bett und einem Waschbecken zwei elektrische Heizkörper und eine Tiefkühltruhe. Ich sah in die Truhe, und sie war voll Fleisch. Schließlich fing der Regen an zu fallen, in riesigen Tropfen, groß wie Perlen. Ich wusch mich und legte mich im Höschen und barfuß aufs Bett.

Ich hatte den Eindruck, daß wir uns verirrt hatten: wir würden niemals nach Paris gelangen, Michels Prothese würde nicht gerichtet werden, wir waren in einem entlegenen Land, in das wir zufällig geraten waren, ohne es zu wollen und ohne es zu merken, und nun waren wir schließlich in einem Hotel gelandet, das von einem Verrückten geführt wurde. Mit dieser Vorstellung, und doch friedlich und begleitet vom Geräusch des Regens, schlief ich ein.

Als ich erwachte, war das Gewitter vorüber. Ich zog mir ein anderes Kleid und meine weißen Schuhe an – das Paar, das mich veranlaßt hatte, die Sommerhandschuhe zu kaufen. Ich legte auch eine Halskette aus bunten Perlen an, die du, Christian, in der Schule für mich gemacht hattest. Es wurde dunkel – kurze Augusttage, trotz all der Hitze – und ich konnte gerade noch die weißen Schemen der Gänse drunten am Fluß erkennen. Ich schlüpfte an den Schränken vorbei und fand den Weg nach unten.

Zu meiner Überraschung waren drei oder vier andere Gäste im Speisezimmer. Michel saß an einem Tisch beim Fenster, wo eine große Vase mit orangefarbenen Gladiolen stand. Ich sehe die Blumen immer noch vor mir. Er hatte das Hemd gewechselt und sich gewaschen.

Das hatte auch der Besitzer getan, der jetzt ohne Küchentuch war und eine Krawatte trug. Er führte mich zum Tisch. Michel bestand darauf, sich zu erheben. Wir sagten Guten Abend zueinander, wie es Menschen in Filmen tun.

Möchten wir vielleicht einen Aperitif? fragte der Besitzer. Zwei Suzes, sagte Michel. Mein Gefühl, daß wir uns verirrt hatten, erinnerte mich an die Unsicherheit, die Kinder empfinden, wenn sie plötzlich etwas zum ersten Mal tun müssen. Und doch hatte ich mich nie zuvor älter gefühlt.

Dürfen wir Ihnen etwas empfehlen, mein Herr, vielleicht *poularde en soutien-gorge*?

Was ist das, fragte Michel.

Ein enthäutetes Huhn in Teig gebacken, mein Herr. Unvergeßlich. Und als Entrée vielleicht *truite au bleu*?

Ist es das Huhn, das Sie zum ersten Mal auf diese Weise zubereiten, fragte ich.

Ganz genau, Madame, der erste *soutien-gorge*, den ich jemandem angezogen habe! Er zwinkerte Michel zu.

Viere zeigen gen Himmel, Viere gehen im Tau, und Viere bieten Nahrung; alle Zwölfe sind eins – was ist das? fragte ich den Mann.

Er wußte es nicht, und ich wollte es ihm auch nicht sagen. Wir aßen gut, wie bei einer Taufe.

Wenn du wolltest, könnte ich dir helfen.

Wozu brauche ich Hilfe?

Zum Leben.

Bis jetzt bin ich nicht allzu schlecht zurechtgekommen. Der ist gut, dieser Weißwein, nicht wahr? Santé.

Weißt du, was die Leute über dich sagen?

Darum habe ich mich nie gekümmert. Es ist das einzige, Michel, um das ich mich nie gekümmert habe.

Man kann nicht mit ihr reden, sagen sie. Wenn Odile sich entschlossen hat, etwas zu tun, dann tut sie es auch. Wenn sie sich entschlossen hat, etwas nicht zu tun, dann kann sie auch nichts dazu bringen. Man kommt einfach nicht an sie ran. Sie haben Hochachtung vor deinem Mut, sie haben Hochachtung davor, wie du den Jungen großgezogen hast – aber aus der Ferne. Du bist allein.

Ich spüre es nicht.

In ein paar Jahren wird es zu spät sein.

Zu spät für was?

Zu spät für Veränderung.

Du willst immer alles verändern, Michel, die Welt, die Hölle, die Menschen, die Politik, und jetzt mich.

Glaubst du, es könne alles so bleiben, wie es ist?

Ich weiß nicht.

Glück, das sagt dir nichts?

Es gibt mehr Schmerz als Glück, sagte ich.

Schmerz, ja.

Habe ich dir die Geschichte von den beiden Bären erzählt?

Wer hat von meinem Teller gegessen? Die Geschichte von den drei Bären?

Nein, zwei. Zwei Bären im Schnee ...

Märchen, Odile! Wir sind jetzt zu alt für Märchen. Wir müssen der Wirklichkeit ins Gesicht sehen.

Wie wir beide es ja die ganze Zeit tun.

Dann sagte er etwas, das mich beeindruckte, weil er es

so langsam und mit Nachdruck sagte: Es kann ... so nicht weitergehen ... wie bisher! Diese Worte wurden eher gestöhnt als gesprochen, und die Gladiolen in ihrer Vase, die ich anstarrte, verschwammen vor meinen Augen.

Es geht aber so weiter, antwortete ich, jeden Tag ... jede Stunde. Menschen arbeiten, Menschen gehen nach Hause, um zu essen, die Katze zu füttern, fernzusehen, zu Bett zu gehen, Marmelade zu kochen, Radios zu reparieren, ein Bad zu nehmen, es geht alles die ganze Zeit weiter – bis jeder von uns eines Tages stirbt.

Und das ist es, worauf du wartest! sagte er.

Ich warte auf gar nichts.

Weißt du, daß du wie eine alte Frau sprichst?

Ich bin eine Witwe. Ich war mit achtzehn Witwe.

Du sprichst wie eine alte Frau, und du bist nicht mal dreißig.

In drei Monaten. Ganz bald. Du glaubst, das Alter spielt eine Rolle?

Es ist nicht das Alter, es ist, daß die Zeit abläuft. Er tupfte sich mit seinem roten Taschentuch die Stirn ab.

Sag es noch einmal, Michel, spottete ich, deiner Meinung nach kann es nicht so weitergehen. Doch das tut es ... und du weißt es genauso gut wie ich. Es geht einfach weiter!

Wenn wir nicht kämpfen, sagte er, verlieren wir alles.

Glaubst du wirklich, daß das Leben nur ein Kampf ist?

An dieser Stelle lachte er, lachte, bis ihm die Tränen in den Augen standen. Er füllte mein Glas wieder, erhob das seine, und wir stießen an.

Wenn ausgerechnet du, Odile, die Antwort auf diese Frage nicht weißt. Denkst du – du, Odile Blanc – wirklich, daß das Leben kein Kampf ist?

Er lachte noch einmal kurz, doch seine Tränen waren diesmal solche der Traurigkeit.

Als ich in mein Zimmer mit der Tiefkühltruhe voll Fleisch und einer Reproduktion des Angelus über dem Bett hinaufging, zog ich mich nicht aus. Ich wartete eine halbe Stunde und sah auf den Fluß hinaus. Dann bürstete ich mir das Haar und schob mich, ohne die Schuhe anzuziehen, an den Schränken im Flur vorbei und fand die Tür zu Michels Zimmer, die ich öffnete, ohne anzuklopfen.

Unser Schatten bewegt sich über den weißen Schnee und sieht wie der siebenundzwanzigste Buchstabe des Alphabets aus, etwas zwischen einem D und einem L. In Cluses, wo ich Wörter von der Tafel in der Schule lernte, die nach der Fabrik das höchste Gebäude war, das ich je gesehen hatte, in Cluses waren mir die Worte fremd. Jetzt kehren sie in meinen Kopf zurück wie Tauben in ihren Taubenschlag.

Als Folge unserer Verbindung wurde am 4. August '67 Marie-Noëlle geboren. Bei der Geburt wog sie 3,2 Kilo, etwas weniger als du. Die Milch schoß mir in die Brüste, und ich säugte sie über neun Monate lang. Ich wollte nicht aufhören. Ich arbeitete nicht mehr in der Bauteilefabrik, denn wir vier wohnten zusammen über dem Laden in Pouilly.

Madame Labourier strickte eine rosa Decke für die Wiege. Odile Blanc war nicht gerade die Schwiegertochter, die Madame Labourier für ihren Sohn ausgesucht hätte, doch Tatsachen waren Tatsachen, und Marie-Noëlle war ihre Enkelin.

Als Michel jung war, so informierte mich Madame Labourier, da konnte man die Mädchen gar nicht zählen, mit denen er ausging. Nach dem Unfall, während der Jahre, die er fort war in Lyon, haben sie alle geheiratet. Wenn man alles so bedenkt, dann ist das doch verständlich, nicht wahr? Schließlich waren *sie* junge, gesunde Mädchen.

Später warnte sie mich vor der Zukunft. Wenn er alt wird, wird er sich verändern, er wird immer anspruchsvoller werden. Ich habe es bei Nachbar Henri gesehen, der Kinderlähmung hatte, und bei meinem armen Cousin Gervais, der zuckerkrank war. Wenn sie in die Jahre kommen, werden Krüppel – besonders verkrüppelte Männer – schwierig und verschroben. Du wirst geduldig sein müssen, mein Kind.

Nachdem du geboren warst, Marie-Noëlle, war es, als gäbest du ihm seine Beine wieder. Er war so stolz auf dich, daß sein Stolz Beine hatte. Er war nur äußerst ungern länger als eine oder zwei Stunden von dir getrennt. Als du alt genug warst, um in die Schule zu gehen, weigerte er sich, den Wagen zu nehmen, er ging zu Fuß mit dir einen guten halben Kilometer und hielt dich an der Hand.

Die Glieder, die er verloren hatte, waren irgendwie in deinem kleinen Kinderkörper zu ihm zurückgekehrt. Es war er, nicht ich, der dir das Gehen beigebracht hat. Jetzt bist du kein Kind mehr, und vom Himmel kann ich zu dir sprechen.

Frauen sind schön, wenn sie jung sind, fast alle Frauen. Hör nicht auf mißgünstigen Klatsch. Wie auch immer die Proportionen eines Gesichtes sind, ob ein Körper zu mager ist oder zu schwer, in bestimmten Augenblicken besitzt eine Frau die Macht der Schönheit, die uns als Frauen gegeben ist. Oft ist der Augenblick kurz. Manchmal kommt der Augenblick, und wir wissen es nicht einmal. Doch Spuren davon bleiben. Sogar in meinem fortgeschrittenen Alter jetzt sind noch Spuren da.

Schau in einen Spiegel, wenn du heute nachmittag an einem vorbeikommst, dort im Geschäft für Hörhilfen in Annecy, während du auf Papa wartest, schau dir dein Haar an, das du gestern abend gewaschen hast, und sieh, wie es dazu einlädt, berührt zu werden. Schau dir deine Schulter an, wenn du dich am Waschbecken wäschst, und dann schau hinab dorthin, wo sich deine Brust wölbt, schau dir die Stelle zwischen Schulter und Brust an, die wie eine Almwiese abfällt – noch dreißig Jahre wird dieser Abhang Tränen anziehen, Zähne, in Leidenschaft zusammengebissen, fiebernde Kinder, schlafende Köpfe, arbeitsrauhe Hände. Diese Schönheit, die keinen Namen hat. Schau dir an, wie sanft dein Bauch in der Mitte zum Nabel abfällt, wie eine weiße Begonie in voller Blüte. Du kannst diese Schönheit berühren. Unsere Hüften bewegen sich mit einer Sicherheit, die kein Mann hat; doch versprechen sie einen Frieden, unsere Hüften, wie die Zunge einer Kuh für ihr Kalb. Und das macht den Männern Angst, die uns niederschlagen und uns Fotzen nennen. Weißt du, wie unsere Beine aussehen, von hinten gesehen, Marie-Noëlle, wie Lilien, gerade ehe sie sich öffnen!

Ich werde dir sagen, welche Männer unseren Respekt verdienen. Männer, die schwere Arbeit verrichten, damit die, die ihnen nahe sind, essen können. Männer, die großzügig sind mit allem, was sie besitzen. Und die Männer, die ihr Leben damit verbringen, Gott zu suchen. Die anderen sind Scheißdreck.

Männer sind nicht schön. Nichts muß in ihnen bleiben. Nichts muß sich von einem etwaigen Frieden, den sie zu bieten hätten, anziehen lassen. Also sind sie nicht schön. Männern ist eine andere Kraft gegeben. Sie brennen. Sie strahlen Licht und Wärme aus. Manchmal machen sie die

Nacht zum Tag. Oft zerstören sie alles. Asche ist Männersache. Milch ist unsere.

Wenn du erst einmal gelernt hast, selbst zu urteilen, und dich nicht mehr von ihren Angebereien narren läßt, dann ist es nicht schwer zu sagen, wer Respekt verdient und wer Scheißdreck ist. Doch die Kraft eines Mannes zu brennen, die entdecken wir nur, indem wir ihn lieben. Löst unsere Liebe diese Kraft aus? Nicht immer. Ich liebte Stepan schon viele Wochen lang, ehe wir IN EUROPA wohnten. Er brannte, als ich ihn am Steg traf.

Michel begann ich zu lieben, als wir ins Dorf zurückkehrten. Wir sind nie nach Paris gekommen. Ich kann glücklich sterben, ohne die Hauptstadt gesehen zu haben. Wir blieben drei Nächte in dem verrückten Hotel, mit den weißen Gänsen und seinem Zimmer den Schränken gegenüber. Dann kamen wir nach Hause.

In der Fabrik haben Stepan und Michel einst drei Tage lang in derselben Schicht gearbeitet, doch bin ich es, in der sie einander noch begegnen. Marie-Noëlle, Christian – umarmt einander heute abend, was immer geschieht, umarmt euch heute abend, und wißt, daß eure Väter einander umarmen.

Es wird allmählich spät, und das Licht ändert sich schon. Der Schnee auf dem Gruvaz, der nach Westen hin liegt, wird rosarot, wie bester Rhabarber, wenn er gekocht ist. Ich hatte mir vorgestellt, wir würden zur Erde hinabkommen, ehe es dunkel ist, doch Christian muß wissen, was er tut. Er ist staatlich anerkannter Fluglehrer, er ist bei der Europäischen Meisterschaft im Drachenflug Zweiter geworden, und als ich zu ihm sagte, sie sind beide nach Annecy gefahren, sie brauchen ja nichts davon zu wissen, nicht wahr? dann werden sie sich keine Sorgen machen, nimm mich heute nachmittag mit hinauf, es ist soweit, da antwortete er schlicht: Bist du bereit?

Seltsam, daß mir nicht kalt ist. Ich spüre jede Zehe und jeden Finger, sie sind so warm, wie sie es waren, als ich ein Baby war – plötzlich erinnere ich mich.

Du nimmst einen Mann direkt in dich auf, und du kannst ihn nicht vergleichen oder ihn messen oder eine Geschichte aus ihm machen. Alles, was immer war, schwillt mit den Lippen des Mundes, in den du ihn aufnimmst, und er füllt dich aus, wo du so wenig weißt, wie du über ein ungeborenes Kind in deinem Schoß weißt.

Du kannst dir selbst anderes sagen über ihn, wenn er nicht mehr da ist, doch das alles bleibt so fern verglichen mit den Stellen in dir, an die du ihn geführt hast. Heu in der Scheune kann nicht wieder zu Gras werden. Wenn er brennt, sind die Stellen, an die du ihn geführt hast, von Licht erfüllt. In deinem Bauch sind dann Sterne, und du kannst Opfer dieser Sterne werden. Die arme Clotilde hat ganz allein in einem Stall geboren, die Tür hatte ihr Vater von draußen verschlossen.

Es ist schmerzlich für uns, über den Mann zu urteilen, den wir in uns aufgenommen haben, denn er ist unser, ist schon wie ein Sohn. Wie kannst du über einen Körper urteilen, der gewesen ist, wo er war, der von dort gekommen ist? Allein sein Name ist es, was bleibt, alles andere ist tote Kohle. Wie es uns widersteht zu urteilen! Wenn wir müssen, wenn man uns dazu zwingt, wenn man uns an den Ohren hochzieht wie ein Kaninchen, dann urteilen wir über ihn und erleiden den Schmerz, erleiden die Gewalt, die dem Himmel in uns geschieht, wo einst die Sterne schienen. Die Männer, die armen Männer, urteilen leichter.

Ich habe niemals über das Leben geurteilt, das Stepan vor dem Bockspringen geführt hat. Alles, was vor dem 31. Dezember 1953 geschah, war jenseits von Urteil und Vergleich, denn es hatte ihn zu mir in die Baracke A IN EUROPA gebracht. Seit seinem Verschwinden ist er mir geblieben, dort, wo ich ihn zu Anfang hingenommen und versteckt habe, über die Asche hinaus. Er ist mir geblieben, wie die Jahreszeiten der Welt bleiben.

Die Öfen, die Stepan das Leben raubten, nahmen Michel die Beine, und jetzt nehmen sie ihm das Gehör. Bei Nacht, wenn er seine Prothesen abnimmt, ist er beinlos. Die beiden Stümpfe haben die Farbe des Molybdänlaibs, wenn er abkühlt, ehe er besprüht wird. Nur ihre Farbe ist wie Molybdän. Das spezifische Gewicht von Molybdän, so hat mir Michel einmal erzählt, ist 95.5 – eines der schwersten Metalle, wenn auch weniger schwer als Uran, Wolfram oder Blei. Beinlos wiegt er neunundfünfzig Kilo. Nur die Farbe der Stümpfe ist wie Molybdän, denn sie sind, im Unterschied zu jenem monströsen Metall, lebendig. Ich weiß mit den Fingerspitzen, wo ihr Gewebe empfindlich ist und die Nerven kribbeln und wo das vernarbte Fleisch taub ist, Wärme ausstrahlt und auf keine Berührung reagiert. Auf seinem Rücken sind kleine Narben, wo sie Haut entnommen haben, um sie in sein Gesicht zu verpflanzen. Vielleicht küßt du gerade meinen Arsch! witzelte er einmal, als ich an seinem Ohr leckte.

Ohne seine künstlichen Beine hüpft er wie ein Vogel auf seinen Krücken. Es gibt Abende, da läßt er es zu, daß ich ihn wie einen König bediene. Und es kommt vor, daß er reizbar und finster gestimmt ist, mich fortstößt, seine Krücken nimmt und wie ein gerupfter Truthahn im Zimmer herumhüpft. Wenn er dann Schritte hört, wirft er sich aufs Bett und zieht das Laken zu seinem grauen Bart hinauf. Niemals hat er zugelassen, daß seine Tochter ihn ungeschirrt sieht. Er will leidenschaftlich, daß seine Tochter einen unverstümmelten Vater hat.

Der Wind kräuselt das Segeltuch, und das Segeltuch flattert wie die Wäsche im Obstgarten meiner Kindheit, wenn die Bise wehte. Es wird nicht fortwehen, Christian, da bist du doch sicher?

Oft kommen Leute mit Verbrennungen in den Laden, um sich die Schmerzen nehmen zu lassen. Michel besteht darauf, mit ihnen allein zu sein, ich habe nie gesehen, was er tut. Manchmal bittet ihn jemand, zu einem Unfall in der Fabrik hinabzukommen. Ein- oder zweimal ist es ihm gelungen, jemandem am Telephon den Schmerz zu nehmen. Vor vier Jahren stutzte der Sohn von Louis, Gérard, mit der Motorsäge einen Apfelbaum, wobei er auf einer Leiter stand. Irgendwie rutschte er aus, und die Motorsäge, die noch lief, berührte seinen Hals, ehe sie zu Boden krachte. Das Blut strömte aus einer Ader am Hals in sein Hemd hinab. Er kam in den Laden gelaufen, mit einem Gesicht wie ein Schaf. Michel stillte die Blutung innerhalb einer Minute, ohne die Wunde zu berühren. Dann schickte er Gérard zum Arzt hinab, der seinen medizinischen Augen nicht trauen wollte.

Jedesmal, wenn er jemandem die Schmerzen nimmt, ist er hinterher erschöpft, und wenn ich da bin, massiere ich ihm Nacken und Schultern, um ihm Erleichterung zu verschaffen. Eines Nachts, als ich ihn so massierte, sagte er: das Paradies ist Ruhe, nicht wahr? Erholung. Du kommst ins Paradies, nachdem du drei Schichten am Stück gearbeitet hast, vierundzwanzig Stunden ohne Pause. Du hörst auf, und da ist das schiere Vergnügen, aufzuhören, nichts zu tun, sich hinzulegen. Das Paradies ist, leckt mich alle am Arsch. Du weißt gar nicht, daß sonst noch etwas existiert. Keine Beziehungen im Paradies, Odile, keine Kinder, keine Frauen, keine Männer. Purster Egoismus, das ist das Paradies! Ist's nicht so, du meine Liebe? Ich massierte ihn weiter und spürte, wie sich seine Zugpferdschultern entspannten, wie sie es zuließen. Nach einer Weile drehte er sich zu mir um, seine Augen durchbohrten mich, und er sprach meinen Namen aus. Dann nahm er mich in die Arme, und er trug mich, ja, er trug mich zum Bett und murmelte: Nur in der Hölle geschieht es, du meine Liebe, daß wir einander finden!

Und Michel fand mich dort, auf dem Bett. Er fand Odile.

Schau mal, schau dort drunten – siehst du? – dort fliegt ein Kranich. *Tzaplia*, die letzte Botschaft vorm Hereinbrechen der Nacht.

Sag ihnen, Christian, sag ihnen, wenn wir auf der Erde landen, daß es nichts weiter zu wissen gibt.

Spiel mir ein Lied

Was ist das: Männer haben es, Frauen haben es nicht, und es ist hart und lang?

Auf der linken Seite liegt Verona, verkündete der Busfahrer über den Lautsprecher. Verona wurde von den Ostgoten erobert, später von den Barbaren, und noch später von den Österreichern. Im vierzehnten Jahrhundert war Verona der Schauplatz der Liebesgeschichte zwischen Romeo und Julia.

Was ist das: Männer haben es, Frauen haben es nicht, und es ist hart und lang?

Sag doch schon! drängten die Jungen.

Der Militärdienst!

Die Flachheit der Landschaft in der Umgebung war unvertraut und machte es schwierig, Entfernungen einzuschätzen. Der Bus fuhr schnell, doch schien es, als vergehe Zeit und ändere sich nichts.

Siehst du ihren Mais? Sie sind zwei Monate früher dran.

Schließlich fuhr der Bus den Autodamm zur Königin der Städte entlang. Auf dem Vaporetto standen die Männer ganz stramm, wie bei einer Parade. Und zwar deshalb, weil sie sich an das erste Mal erinnert fühlten, daß sie das Dorf verlassen hatten, als Armeerekruten. Die Frauen ließen sich auf den Sitzen an Deck nieder, und die jüngeren zogen sich die Röcke hoch, um die Beine der Sonne auszusetzen. Das Vaporetto neigte sich erst auf die eine Seite, dann auf die andere, wie eine Frau, die sehr langsam in die Pedale eines Fahrrades tritt.

Was hältst du von so einem weißen Anzug, wie ihn der Schiffskapitän trägt?

Schau dir diese Insekten an!

Wo?

Da!

Die hat wohl getrunken!

Er muß ihn jeden Tag wechseln.

Schau doch! Dort an der Wasserlinie.

Du lieber Gott, ja, das sind ja Tausende.

Sie kommen wegen der Sonne herauf.

Das sind Krebse.

Nie habe ich so große Krebse gesehen.

Man weiß gar nicht, wo man hinschauen soll.

Ich sage euch, das sieht direkt wie Hochwasser aus.

Käse könnte man hier keinen machen!

Sie gingen an der Piazza San Marco an Land und stiegen die Wendeltreppe des Campanile hinauf. Hinterher hatten die Männer Durst und wollten unbedingt in einem der Cafés auf der Piazza, die Napoleon als den größten Ballsaal in Europa bezeichnet hatte, etwas trinken.

Das Pissen kostet hier mehr, als wenn du zu Hause einen ganzen Kasten trinkst!

Im Inneren des Cafés sah er ein Plakat, auf dem ein Fest angekündigt wurde, das von *L'Unità* veranstaltet wurde, der kommunistischen Tageszeitung. Warum nicht?

Sie gingen über die Seufzerbrücke und blieben im Hof des Dogenpalastes unter einer Statue der Eva stehen.

Das ist eine Frau, wie du sie brauchst!

Später stiegen die Männer zur Terrasse von San Marco hinauf, um sich die Pferde anzuschauen.

Das Fest sollte auf der Insel Giudecca stattfinden. Vom Dogenpalast aus konnte er die farbigen Lichter sehen, mit denen die Gebäude jenseits des Wassers geschmückt waren, und von Zeit zu Zeit hörte er Klänge von Musik.

Wenn du um zwei nicht bei der Bushaltestelle bist, wissen wir, daß sie dich ersäuft haben.

Er ist eben abenteuerlustiger als ihr anderen Männer!

Er saß im Heck des Vaporettos, mit seinem Instrument auf den Knien.

Sie sind nicht von hier.

Wieso das?

Sie sehen zu ruhig aus.

Wissen Sie, was ich in diesem Kasten habe?

Sie schüttelte den Kopf. Sie trug eine Brille, und ihr schwarzes Haar war zu einem Knoten zurückgebunden.

Eine Posaune.

Das darf ja nicht wahr sein, rief sie. Spielen Sie! Bitte, spielen Sie etwas.

Nicht hier auf dem Schiff, sagte er. Gehen Sie zu dem Fest?

Wenn Sie sie mitgebracht haben, dann müssen Sie doch daran gedacht haben, auch zu spielen.

Wir sind aus den Bergen gekommen. Ich wollte sie nicht im Bus lassen.

Um den Hals trug sie eine weiße Halskette.

Und Sie, leben Sie hier unten?

In Mestre, auf der anderen Seite der Bucht, wo die Öltanks sind. Und Sie – ich würde sagen, Sie arbeiten auf einem Bauernhof.

Woher wissen Sie das?

Ich rieche die Kühe.

Wenn sie ein Mann gewesen wäre, hätte er sie geschlagen.

Und wonach, glauben Sie, rieche ich?

Parfum.

Richtig. Ich arbeite in einer Drogerie.

Ein Blick auf Ihre Hände hat mir gesagt, daß Sie mit denen nicht arbeiten.

Wissen Sie, wie mein Vater das nennt?

Nein.

Infantiles Proletariertum.

Er sagte nichts. Vielleicht war es ein venezianischer Ausdruck.

Das Vaporetto näherte sich der Insel. Von den Fenstern des ersten Stockes am anderen Ende der Piazza hingen bedruckte Spruchbänder herab. Er sah auch Hammer und Sichel. Als er an Land stieg, hielt er seinen Posaunenkasten fest unter dem Arm. Das Fest, so rief er sich ins Gedächtnis, wurde von der Kommunistischen Partei veranstaltet, doch das hieß ja nicht, daß es dort keine Diebe gab. Er hatte sie schon entdeckt.

Tanzen Sie gern? fragte sie.

Ich kann nicht tanzen, mit dem hier unter dem Arm.

Geben Sie ihn mir.

Sie verschwand mit seinem Posaunenkasten in einem der benachbarten Gebäude.

Uns wenn sie gestohlen wird? sagte er, als sie mit leeren Händen wiederkam.

Genosse, antwortete sie, das hier ist ein Arbeiterfest, und Arbeiter bestehlen einander nicht.

Bauern schon! sagte er.

Wie heißt du?

Bruno. Und du?

Marietta.

Er hob seinen Arm, damit sie seine Hand nehmen konnte. Er tanzt nicht wie ein Mann von hier, dachte sie. Er war weniger abgelenkt, als verbanne er, wenn er tanzte, alles andere aus seinem Kopf.

Wie ist es so auf deinem Berg?
Es gibt Rhodos und wilde Ziegen.
Rhodos?
Kleine Blumenbüsche.
Rosa?
Blutrot.
Wie wählt man in deinem Dorf?
Rechts.
Und du?
Ich stimme für jeden, der verspricht, den Milchpreis anzuheben.
Das ist nicht gut für die Arbeiter.
Milch ist alles, was wir zu verkaufen haben.
Sie tanzten um eine Platane in einer Ecke der Piazza. Im Baum war ein Lautsprecher, der wie eine Eule auf einem der Äste hockte.
Bist du allein hierher gekommen? fragte sie.
Mit dem ganzen Verein.
Ein Verein von Freunden?
Der Blasmusikverein des Dorfes.
Als die Eule wieder einmal schwieg, schlug er vor, etwas zu trinken. Sie führte ihn zu einem Tisch unter einem riesigen Porträt, das auf ein Laken gemalt war und von den obersten Fenstern eines Hauses herabhing. Das Bildnis war so groß, daß allein die Nasenflügel schon mit einem fünfzehn Zentimeter breiten Wandpinsel gemalt waren. Sie sahen zusammen daran hoch.
Lebst du allein? fragte sie.
Ja, ich lebe seit acht Jahren allein. Ein Fünftel meines Lebens.
Es gefiel ihr, wie er zögerte, ehe er sprach, es war sehr bedachtsam, als wenn er jedesmal, wenn er eine ihrer Fra-

gen beantwortete, zur Haustür käme, um sie einem Besucher zu öffnen, und dann erst sprach.

Wie viele Spiegel hast du zu Hause? Sie fragte es, als sei es ein Rätsel für Schulmädchen.

Er hielt inne, um zu zählen.

Einen über dem Spülstein, einen über der Tränke.

Sie lachte. Er goß ihnen Weißwein nach.

Das ist Karl Marx, nicht wahr? Er nickte zum Laken empor.

Marx war ein großer Prophet. Was siehst du in der Zukunft? fragte sie.

Daß die Reichen reicher werden.

Ich meine deine Zukunft.

Meine? Alles hängt von meiner Gesundheit ab.

Du siehst mir nicht gerade krank aus.

Wenn du krank bist und man dich ins Krankenhaus steckt, dann kümmert sich der Hund nicht um deine Kühe. Ich lebe allein.

Sie hob ihr Glas zu dem seinen. Ich glaube, ich könnte in Mestre Arbeit für dich finden.

Er sah ihre kleinen Füße an und dachte: alles zwischen einem Mann und einer Frau ist eine Frage, wieviel du von einer Sache aufgibst, um eine andere zu bekommen – ein Tauschgeschäft.

Du stehst unweigerlich unter dem Einfluß der Besitzverhältnisse, deren Teil du bist. Ihr Stimme war zärtlich, als erkläre sie etwas Intimes. Die Kulaken haben sich auf die Seite des Bürgertums geschlagen, und der Kleinbauer auf die des Kleinbürgertums. Es ist falsch, nur an den Milchpreis zu denken.

Sie stammt, so sagte er sich, aus diesem Ort aus Wasser und Inseln, wo es überhaupt keine Erde gibt.

Tatsache ist, daß die Bauern verschwinden werden, fuhr sie fort, die Zukunft liegt woanders.

Ich würde gern Kinder haben, sagte er.

Du mußt eine Frau finden.

Er goß wieder Wein ein.

Du würdest eine Frau finden, wenn du hierher ziehen würdest.

Ich würde mir lieber die rechte Hand abschneiden als in einer Fabrik arbeiten.

All die Männer, die hier tanzen, sagte sie, das sind fast alles Fabrikarbeiter.

Er hatte noch nie so viele Männer in weißen Hemden gesehen. Sie trugen die Hemden um die Hüfte gebunden, um mit ihrem Bauch anzugeben. Sie waren raffiniert wie Wiesel. Ihre Manschetten waren nur zur Hälfte den Unterarm hinaufgekrempelt, als wären sie gerade aus dem Bett gekommen.

Liebkosen sie gut? fragte er.

Wer?

Die Wiesel da.

Liebkosen?

Was ein Mann mit einer Frau tun sollte.

Laß uns tanzen, sagte sie.

Die Eule heulte einen Tango.

Wer melkt heute abend die Kühe? wisperte sie.

Mit wem tanze ich?

Marietta tanzt mit Bruno, sagte sie, als er ihre Hand hochzog und an ihren Armen entlang sah – als ziele er mit einem Gewehr.

Als das Tempo zunahm, bewegten und drehten sie sich immer schneller. Die Leute fingen an, ihnen zuzusehen. Sein Hemd und seine schweren Schuhe bekundeten, daß er vom Lande kam. Doch er tanzte gut, sie gaben ein gutes Paar ab. Einige der Umstehenden fingen an, im Takt zur Musik zu klatschen. Es war, als sähe man einem Duell zu – einem Duell zwischen den Pflastersteinen und ihren vier Füßen. Wie lange würden sie durchhalten?

Jetzt gingen sie eine enge Gasse entlang, mit alten Männern auf Korbstühlen und Großmüttern, die mit Ballons spielten, um ihren Enkeln Freude zu machen. Am Ende der Straße war ein anderes riesiges Porträt aufgehängt: ein großer gewölbter Kopf, wie ein Bienenkorb voller Gedanken, der eine Brille trug.

Das ist Gramsci.

Er legte ihr den Arm um die Schulter, damit sie den Kopf an sein feuchtes Flanellhemd lehnen konnte.

Antonio Gramsci, sagte sie. Von ihm haben wir alle gelernt.

Den wird man kaum mit einem Pferdehändler verwechseln! sagte er.

Sie ließen das Porträt hinter sich und kamen zu einem gepflasterten Kai, von dem man auf die Lagune hinaus nach Murano sah. An manchen Stellen war Gras über die Kopfsteine gewachsen. Er starrte über das schwarze Wasser hinüber, und sie schlenderte mit den Sandalen in der Hand zu einer verlassenen Gondel, die an der Ecke des Rio Di Santa Eufemia vertäut lag. Sie setzte sich auf die Bank am Heck, nahe dem hölzernen Stützarm für das Ruder. Sonne und Wasser hatten die Farbe der Gondel abblättern lassen, die jetzt holzgrau war. Sie mußte vormals einem Weinhändler gehört haben, denn im Bug lagen einige umgekippte Korbflaschen.

Glaubst du, sie sind leer? fragte sie ihn.

An Stelle einer Antwort sprang er in die Gondel, die heftig schwankte. Während er zum Bug kletterte, gab er sich die größte Mühe, jede Neigung auszugleichen, indem er sich in die entgegengesetzte Richtung lehnte, wie jemand, der Conga tanzt.

Setz dich hin, um Himmels willen! schrie sie.

Sie kauerte sich auf den Boden des Bootes. Die Bootsseiten klatschten aufs Wasser, Tropfen spritzten durch die Luft.

Er packte eine Korbflasche und hielt sie mit einer Hand gegen den Himmel, als drehe er einer Gans den Hals um.

Leer! dröhnte er.

Setz dich hin! kreischte sie. Setz dich hin!

Und so lagen sie auf einmal auf der Schilfmatte am Boden der Gondel. Nach einer Weile hörte das Klatschen des Wassers auf, und statt dessen war ein ruhiges Plätschern zu hören. Doch währte die Ruhe nicht lange. Bald schon neigte sich die Gondel wieder von einer Seite auf die andere, während das Wasser von den Schandecks tropfte und die Dauben auf die Lagune klopften.

Wenn wir kentern, kannst du schwimmen? flüsterte sie.

Nein.

Ja, Bruno, ja, ja, ja ...

Hinterher lagen sie keuchend auf dem Rücken.

Schau dir die Sterne an. Geben sie dir nicht ein Gefühl der Winzigkeit? sagte sie.

Die Sterne schauen auf uns herab, fuhr sie fort, und manchmal denke ich, daß alles, alles außer dem Töten, daß alles so lange dauert, weil sie so weit weg sind.

Seine andere Hand baumelte im Wasser. Ihre Zähne bissen sein Ohr.

Die Welt ändert sich so langsam.

Die Hand aus dem Wasser griff ihr an die Brust.

Eines Tages wird es keine Klassen mehr geben. Daran glaube ich, du nicht? murmelte sie und zog seinen Kopf zur anderen Brust herab.

Es hat immer Gut und Böse gegeben, sagte er.

Wir machen Fortschritte, glaubst du nicht?

Alle unsre Vorfahren haben dasselbe gefragt, sagte er, du und ich, wir werden in diesem Leben niemals wissen, warum es so eingerichtet ist, wie es ist.

Er drang wieder in sie ein. Die Gondel klatschte auf das Wasser, Tropfen spritzten durch die Luft.

Als sie die schmale Insel überquerten zum Pier, wo das große Vaporetto anlegte, war die Musik zu Ende. Nur ein paar Betrunkene, reglos, wie Statuen, waren noch auf der Piazza. Marietta holte seinen Posaunenkasten. Sein Blick ging über die Lagune. Er sah den Glockenturm, auf den sie gestiegen waren. Der Fremdenführer sagte, er sei zu Beginn des Jahrhunderts eingestürzt. Keine Wurzeln. Er wußte noch das Datum: am 14. Juli 1902, im Geburtsjahr seines Vaters. Rechts im Dogenpalast war noch Licht. Dem Fremdenführer zufolge war der Palast siebenmal ganz oder teilweise vom Feuer zerstört worden. Es hatte niemals Frieden gegeben in dem Gebäude. Zuviel Macht und keine Wurzeln. Eines Tages würde es ausgeraubt und geplündert werden, und danach würde man es als Hühnerstall benützen.

Marietta hielt ihm seinen Posaunenkasten hin.

Spiel für mich. Spiel mir ein Lied.

Er stellte den Kasten ab und nahm eine kleine Mundharmonika aus der Hosentasche, wandte sich zum Dogenpalast hin und fing an zu spielen. Die Musik sprach zu ihm.

Ehe es hell wird –

Sie starrte seinen Rücken an, der entspannt war und gebeugt wie der Rücken eines Mannes, der pißt, nur daß seine Hände an seinem Mund waren.

– Ehe es hell wird ... wenn du dich angezogen hast und in den Stall gegangen bist –

Sie berührte seinen Nacken mit den Fingern.

– die Tiere liegen da –

Sie drückte ihm ihre Hand zwischen die Schulterblätter und spürte seine Lunge und die Musik in seinem Gaumen.

– liegen da auf Buchenblättern, und deine Müdigkeit, wie ein Kind, das du aus dem Schlaf gerissen hast –

Ihre Hand tastete unter seinem Hosengürtel.

– und durch das Fenster siehst du die Weite der Sterne –

Sie bemerkte, daß ihm ein Schnürband aufgegangen war. Sie kniete nieder, um es ihm zuzubinden.

– die Weite der Sterne, in deren Brunnen wir bei der Geburt geworfen werden wie Salz ins Wasser –

Sie bemerkten beide nicht, wie sich das Vaporetto der Anlegestelle näherte.

Komm nach Mestre, seufzte sie, komm nach Mestre. Ich finde Arbeit für dich.

Der Bus fuhr um drei Uhr morgens. Die meisten Vereinsmitglieder wollten schlafen. Einige Männer legten den Kopf auf die Schulter ihrer Frau, in anderen Fällen lehnte die Frau den Kopf gegen ihren Mann. Die Lichter wurden eines nach dem anderen ausgeschaltet, während der Bus die Straße nach Verona nahm. Der junge Trommler, der neben Bruno saß, versuchte einen letzten Witz.

Weißt du, was die Hölle ist?
Weißt du es?
Die Hölle ist, wo Flaschen zwei Löcher haben und die Frauen keins.

(Für Jacob)

Ihre Eisenbahnen

Bewahre Tränen
mein Herz
für Prosa.

Zug
Flammes bleues
Fleurs jaunes.
In den Bächen
Bin ich Wasser.
Dazwischen
Hege deiner Kindheit Butterblumen.
Tief in meinen Augen
Die Himmel des Friedhofs.
Durch Arterien
Von Schotter
Wispernd meinen Gräsern
Der Abschiede Blut.
Flammes bleues
Fleurs jaunes
Ihre Eisenbahnen.

1985/86

Inhalt

John Berger
im Carl Hanser Verlag

Sau-Erde

Geschichten vom Lande

1982. 296 Seiten

»Dieses Zeugnis, diese dem Vergessen entwundene Geschichte rechtfertigt sich selbst.« Süddeutsche Zeitung

»*Sau-Erde* gehört zu den interessantesten Neuerscheinungen dieses Frühlings, nicht zuletzt weil der Schriftsteller John Berger für das deutsche Publikum noch zu entdecken ist.« FAZ

»Neben scharfsinnigen theoretischen Texten, die die Katastrophen seines engsten Erfahrungsbereiches beschreiben, erzählt John Berger Geschichten vom Lande, die so zauberisch schön und poetisch sind, wie die alten Märchen.« Bayer. Fernsehen

Eine andere Art zu erzählen

Bildband

1984. 304 Seiten

»Man könnte fast von einer Philosophie der Fotografie sprechen. Mit vielen Bildern und lebendigen Texten führen die Autoren in eine Welt des Schauens, aus der Fotografien... den Anschauenden einen Freiraum der Kreativität geben, der dem Leben nahe ist.«

Das neue Buch

»Eine Einladung an den Leser, die Wahrheiten der Bilder und in ihnen seine/ihre eigene Geschichte zu entdecken.«

Gießener Anzeiger

»John Berger, der Schriftsteller und Kunstkritiker, und der Fotograf Jean Mohr haben zusammen einen neuen Buchtyp über/von Fotografie erfunden... Das Ergebnis jedenfalls ist verblüffend: Theorie als unterhaltende Praxis zweier ihrem Thema gewachsener Professionels.«

Die Zeit

Und unsere Gesichter, mein Herz,
vergänglich wie Fotos
Edition Akzente
1986. 120 Seiten

»Es tut wohl, jemanden so ruhig sprechen zu hören in einer Welt, in der sich die unaufhörlich plappernden Post-Historiker und die schwerfällig raunenden Endzeitpropheten ein festliches Stelldichein geben.«
Süddeutsche Zeitung

»Ich habe seit langer Zeit keinen so tröstlichen Text mehr gelesen ...« Tages-Anzeiger

»Manchmal haben mich Bergers Gedanken regelrecht aufgestört und in beglückende Nervosität versetzt ... ein Buch, das sich beim ersten Lesen noch lange nicht erschöpft hat.« Bernhard Gleim, Radio Bremen

»Nicht dürre Thesen sind seine Sprache, sondern das vieldeutige Reich der Bilder, der Andeutungen, der Erlebnisse.« ORF